Hartmud Plath

Was Christen denken

Hartmud Plath

Was Christen denken

Zwölf grundlegende Besinnungen

Fromm Verlag

Impressum / Imprint
Bibliografische Information der Deutschen Nationalbibliothek: Die Deutsche Nationalbibliothek verzeichnet diese Publikation in der Deutschen Nationalbibliografie; detaillierte bibliografische Daten sind im Internet über http://dnb.d-nb.de abrufbar.

Bibliographic information published by the Deutsche Nationalbibliothek: The Deutsche Nationalbibliothek lists this publication in the Deutsche Nationalbibliografie; detailed bibliographic data are available in the Internet at http://dnb.d-nb.de.

Coverbild / Cover image: www.ingimage.com

Verlag / Publisher:
Fromm Verlag
ist ein Imprint der / is a trademark of
OmniScriptum GmbH & Co. KG
Heinrich-Böcking-Str. 6-8, 66121 Saarbrücken, Deutschland / Germany
Email: info@frommverlag.de

Herstellung: siehe letzte Seite /
Printed at: see last page
ISBN: 978-3-8416-0489-7

Übersicht

Vorbemerkung

Es ist mit exponentiell wachsender Geschwindigkeit zumindest im "christlichen Abendland" eine Christentumsverständnis entstanden, welches die Religion – zu einem geringen Teil im Guten und zu einem großen im Schlechten - "hinter sich" hat: Während den einen durch sie der Rücken gestärkt ist (und auch noch und noch wird), ist sie für die anderen nichts als Vergangenheit. Und wie mit der Religion, so verhält es sich im Übrigen überhaupt mit dem Geist: mit der Philosophie, mit der Moral, mit der Kunst. In einem Teil der Christenheit lebt das Heilige und das Wahre, das Gute und das Schöne, bei dem anderen ist es nur noch Konvention oder Gerücht, und es ist an seine Stelle das "Nützliche" getreten, der Spaß, das Erlebnis – oder der Kampf um das Dasein! Wir könnten auch sagen, dass im Allgemeinen und als "Kultur", d.h. tatsächlich aber an Stelle der Kultur die Unmittelbarkeit und das Streben nach der zivilisatorischen Annehmlichkeit herrschen.

Christen glauben nicht nur - oder handeln - sie denken auch, und d.h. dass sie sich nicht in der Unmittelbarkeit aufhalten können. Jeder Christ denkt. Einen nicht denkenden und also unbewussten Christen - einen Menschen, welcher sozus. ein Christ ist und hat es selbst gar nicht bemerkt, kann es nicht geben! Zwar wird oftmals dgl. behauptet, und unter Umständen sollen dann die unbewussten Christen sogar noch die "wahren" oder die besseren sein, aber derlei Gerede ist Taschenspielkunst. Es gibt auch nicht einen unbewussten "wahren" Beethoven-Interpreten, der die Noten von Beethoven nicht kennt.

Was Christen von Gott denken

Zunächst einmal: Christen denken überhaupt etwas von Gott. Sie haben nicht eine a-theistische Religion wie z.B. die Buddhisten, sie haben nicht einen Vielgötterglauben wie die inzwischen untergegangenen mythologischen Religionen oder auch der noch heute bestehende Hinduismus, und sie beziehen sich ebenfalls nicht auf einen unpersönlichen Geist, eine allgemein die Welt durchdringende Kraft, Sittlichkeit oder dgl. Das Wort oder der Begriff "Gott" ist des weiteren für sie nicht ohne weiteres vertausch- oder ersetzbar, sondern deutet für sie eine eigene Wesenheit an, ein Anderes nicht allein gegenüber den Menschen, sondern gegenüber der Welt (auch wenn dieses Andere in bestimmter Weise wieder in der Welt und im Menschen sein kann). Mit dem Judentum, aber auch mit dem späteren Islam denken die Christen Gott als den Urheber oder den "Schöpfer" der Welt - einen denkenden und wollenden, einen machtvollen und irgendwie auch sich vernehmbar machenden Urheber! Einen, dessen "Wort" sogar eine ganz besondere Bedeutung besitzt. Mit dem Judentum und dem Islam können sie diesen Urheber als "allweise" und "allmächtig" bezeichnen. Im Unterschied aber zu jenen pflegen sie zu Gott eine Beziehung nicht als zu einem ihnen im letzten doch fremd gegenüberstehenden Herrscher, sondern als zu ihrem Vater, d.h. als zu jemand, dem Ehre und Respekt zwar gebühren, zu dem das Verhältnis zu-gleich aber ein familiäres auch ist. Christen gehen nämlich davon aus, dass die ihnen durch das Menschen- und Gottestum des Jesus von Nazareth erschlossene Gottesbeziehung durchaus nicht "jedermanns Ding" ist, dass es ein Festhalten auch an anderen Formen der Religiosität wie auch an einer generell a-theistischen Frömmigkeit oder auch Nichtfrömmigkeit gibt. Christen verstehen sich auch von daher als einen besonderen Stand oder gar "Adel", als "Heraus- oder Zusammengerufene", welche eine letzte und tiefste Wahrheit über Gott und sich selbst eigens nun pflegen bzw. vertreten – sie bilden dabei zwar keinen Staat, wohl aber eine Kirche.

Indem die Christen Gott - den Gott, welcher für sie Herr Himmels und der Erde nach wie vor bleibt! – vorrangig und auf sie selbst bezogen als ihren Vater verstehen, setzen sie aber unweigerlich auch noch weitere Prioritäten: nicht nur hat für sie der Geist generell einen Vorrang, eine höhere Würdigkeit der Natur gegenüber (wie überhaupt bereits Gott gegenüber der Welt), sondern es hat insbesondere auch die Erziehung unter einem Ideal einen Vorrang gegenüber dergleichen wie einer bergenden Behütung, wie diese Erziehung aber des weiteren auch verneinend nach der Seite des Lohn- und Straf- oder Gehorsamsgedankens hin ist.

Was Christen über Gott denken, kann als anspruchsvoll gelten. Es ist zwar mittelbar erhebend auch in einem tröstenden Sinn, unmittelbar aber als eine Forderung, welche eine Zu- bzw. Anmutung bedeutet. Das christliche Denken von Gott ist ein idealistisches Denken - allerdings auch wieder nicht ein rein oder absolut idealistisches Denken; denn sein Idealismus wird gleichzeitig von einer Gewissheit getragen. Die wir nämlich als Menschen in und aus unserem Gottesverhältnis sein sollen - wie es Jesus gesagt hat, als die "Söhne des Höchsten" - die werden wir um Gottes willen auch sein, der uns nicht lediglich ruft, sondern zugleich auch vollendet. Wir leben im Glauben zugleich auch auf Hoffnung, u.z. auf begründete Hoffnung! Christen denken von Gott, dass er - mit allen beruhigenden wie beunruhigenden Folgerungen, welche sich daran anknüpfen lassen, ihr Gott ist und sein will.

Wie steht es aber dann um die Gerechtigkeit Gottes? Christen können sich an dieser Stelle jedenfalls nicht mehr für eine vergeltende Gerechtigkeit Gottes interessieren - das durch Leistung, Lohn und Bestrafung konstituierte Verhältnis zwischen Gott und den Menschen ist für sie generell hinfällig bzw. religiös zu einer Unwahrheit geworden. Auch der Gott, der durch seine Barmherzigkeit etwa ergänzte, was der menschlichen Anstrengung noch zur Vollkommenheit fehlte, ist ihnen nur Lüge. Denn wenn schon die Grundlagen nicht stimmen, kann auch jede beliebige Konstruktion oberhalb dieser Grundlagen nicht stimmen. Aber auch auf der ausgleichenden Gerechtigkeit kann für sie nicht mehr das Augenmerk liegen. Und um welchen Ausgleich sollte es sich denn schließlich auch handeln? Um den zwischen Armen und Reichen? Starken und Schwachen? Begünstigten und Benachteiligten? Und in welcher Beziehung? In wirtschaftlicher? In physischer? In sozialer? Nicht einmal das Gebiet der Moral würde hier zu veranschlagen sein, sondern Christen kennen eine "Gerechtigkeit Gottes" allein auf dem geistlichen oder religiösen Gebiet selbst! Und mag hier zwar hin und wieder – aber doch in einem uneigentlichen Sinn – die "Vergeltung" oder der "Ausgleich" noch einmal eine Bedeutung erlangen (die ihre Frömmigkeit vor den Leuten zur Schau stellenden Pharisäer, sagt Jesus, "haben ihren Lohn schon dahin", oder: "Gott gönnt Sonne und Regen den Guten wie auch den Bösen") - die eigentliche Frage nach der Gerechtigkeit Gottes liegt für die Christen an einer anderen Stelle, nämlich in dem Gedanken, weshalb Gott offenbar die einen zu seiner Kindschaft erwählt und die anderen nicht! Weshalb er die einen in einem eigentlichen und strengen Sinn liebt und den anderen, sagen wir einmal: lediglich seine Großmütigkeit und sein Wohlwollen gewährt. Aber dass er die, welche er nicht liebt, nun etwa hasst und verachtet, würde ja ohnehin nicht gesagt werden können! Sie erleben oder genießen das rein kreatürliche Dasein, ohne jene eigentliche, strenge und erziehende Liebe überhaupt zu vermissen! Und begehrten sie sie, so würden sie unmittelbar bereits auch zu den Erwählten gehören! Und so läuft hier die Frage nach der Gerechtigkeit zugleich wieder ins Leere; denn es wird nicht im Sinne des Begriffs "ungerecht" genannt werden können, wenn da Menschen von Gott nicht zu der Erziehung der "Kindschaft des Höchsten" erwählt worden sind. Es ist lediglich gleichsam ein "Mehr" bei den Erwählten, und allenfalls würde es ungerecht genannt werden können, dass jenes Wohlwollen oder jene Großmütigkeit unter jenen anderen nicht gleichmäßig verteilt zu sein scheint. Aber mit dieser letzten Betrachtung werden sich die Christen schon deshalb nicht allzu lange aufhalten können, weil sie selbst - als die Erwählten - gerade das Kreuz reichlich erfahren.

Christen denken von Gott, dass er die, welche ihn lieben - und er hat sie, auf welchen Wegen auch immer, dafür ja selbst schon geöffnet, auf eine solche Weise und in einem solchen Grade zu sich emporziehen will, dass sie (um es mit dem 8. Psalm einmal zu sagen) "wenig niedriger sein sollen als er". Gott hebt die Seinen, so denken die Christen, zu der höchstmöglichen Einheit mit sich selber empor - zu einer solchen Einheit, dass der Mensch beinahe schon mit Gott wieder verwechselt sein könnte. Aber auch beinahe nur! Und die vollzogene Verwechslung ist möglicherweise gerade die christliche Sünde. Im Johannesevangelium heißt es von Jesus, dass der Sohn tut - und auch nur tun kann - was er den Vater tun sieht. Der Sohn vertritt – sehend und tatend und duldend - den Vater, der seinerseits sich in den Hintergrund stellte.

Christen denken insofern auch von Gott, dass er ein in verschiedener Hinsicht und aus verschiedenen Gründen verborgener Gott ist. Dies allerdings nicht zum Nachteil, sondern zu Gunsten des Menschen. Und würde Gott - einmal salopp ausgedrückt - "breit und fett" sein, so wäre gar nicht erst ein Raum für den Menschen, und dass kein Mensch "Gott sehen kann und doch leben", sagt eigentlich nicht etwas über die menschliche Sündhaftigkeit im Gegenüber zu der Heiligkeit Gottes, sondern nennt bereits eine wesenhafte Gegebenheit in diesem Verhältnis.

Eine Heiligkeit Gottes denken allerdings die Christen nun dennoch. Und sie meinen damit zum einen das Gewicht, welches Gott für sie hat - und welches eben ein höheres ist als das der Welt ihnen gegenüber, zum anderen und vor allem aber handelt es sich ihnen um die Heiligkeit Gottes des Vaters. "Wer euch antastet, tastet meinen Augapfel an", sagt im Alten Testament Gott gegenüber seinen Erwählten. Im Neuen Testament oder unter dem Evangelium ist es der Vatername Gottes, welchen die Christen nicht antasten lassen! "Geheiligt werde dein Name!" Und: "Ihr sollt auf Erden niemand euren Vater nennen; denn einer ist euer Vater - im Himmel!"

Christen denken, wenn sie Gott denken – und es bleibt ihnen nichts übrig, als ein solches zu tun! - einen heiligen erwählenden Vater, den allmächtigen Schöpfer des Himmels und der Erde, der eher Geist als Natur ist, der für sie noch eine ganz andere Welt als die sichtbare (und auch als gegenwärtige) bereitgestellt hat und der sie nun in seiner gesamten Größe und Ungeheuerlichkeit in eine Vertrautheit mit sich selber emporhebt, wie sie - bei Wahrung seiner eigenen Würde - nicht höher oder größer überhaupt gedacht werden könnte! Und ist hier insofern zwar auch die Demut des Menschen Gott gegenüber nicht restlos verschwunden, sie ist sie doch aufgehoben in das Vertrauen, und nicht als eine Demuts-, sondern entschieden als eine Vertrauensreligion muss das Christentum gelten.

Denken aber nicht Christen von Gott ebenfalls, dass sie - gerade in ihrem Vertrauen - jederzeit seiner Hilfe gewärtig sein können, um diese Hilfe ihn sogar angehen dürfen und sollen? Sie denken es! Und dennoch ist dieses Denken das verschwindende Moment in ihrem Sichhalten und Handeln. Oder um es auch so nun zu sagen: die in Anspruch genommene Hilfe wird zunehmend eine solche zur verantwortlichen Freiheit sein müssen. Die "Söhne" (oder die Kinder) des Höchsten müssen am Ende ihren Vater beerben – d.h. aber zugleich, sie müssen befähigt und stark genug sein, ihn beerben zu können. Sie müssen erwachsen genug oder reif dazu sein! Sie müssen Geist nicht nur haben, sondern geradezu sein! Und gibt es ein Angehen Gottes um Hilfe, welches dem Menschen das Offene und die Freiheit gerade erspart (es ist dies das kleinkindliche Angehen der Eltern um Hilfe), so gibt es auch ein sich Vergewissern der Hilfe, wenn es durch Brüche und Tode hindurchgehen soll. Christen, welche sich selber verstehen, setzen dieses Zweite über das Erste.

Was Christen vom Glauben denken

Christen sind als Gottesmenschen Glaubensmenschen und als Glaubensmenschen Gottesmenschen. Sie denken vom Glauben, wie sie von Gott denken: Gottesgedanke und Glaube entsprechen einander. Allerdings wissen Christen auch etwas vom Glauben einfach im Sinn von Vertrauen, und sie können diesen sozus. Glauben an den Glauben, bei welchem geradezu Gott aus dem Spiel zu sein scheint, bereits auch bei Jesus bemerken und ausgedrückt finden: *"Wenn ihr Glauben habt wie ein Senfkorn, so könnt ihr zu diesem Berg sagen: Hebe dich von hier dorthin! so wird er sich heben; und euch wird nichts unmöglich sein."* Aber natürlich ersetzt dieses Vertrauen auch wiederum nicht den Glauben als Denken.

Christen haben vor allem nicht einen mythologischen Glauben. Vielleicht gibt es allerdings auch nicht einmal einen mythologischen "Glauben", wenn "Glaube" nämlich bedeutet, sich mit dem Herzen wissentlich und willentlich an etwas zu hängen. Die Mythologie ist vielmehr eine Vorstellungsart, u.z. eine solche, welche sich die verschiedenen Grundkräfte oder -mächte der Welt als Gottheiten bzw. als das Wirken von Gottheiten zu erklären versucht. Ich hänge aber mein Herz nicht an einen Blitze schleudernden Zeus oder an einen donnernden Thor, und es hängt auch insofern nicht meine Identität davon ab, ob einer von den Olympiern oder den Asen oder den Wanen u.U. auch fehlt. I.ü. ist inzwischen auch die mythologische eine menschheitsgeschichtlich überholte oder versunkene und allenfalls künstlich neu zu belebende Welt – kein aufgeklärter Mensch wird heute die Götter der Mythologien im eigentlichen Sinne noch ernst nehmen können, es lässt sich für ihn mit ihnen allenfalls noch bildlich oder sprachkünstlerisch spielen.

Wenn aber Gott und das Göttliche in der Mythologie nicht mehr sind - in irgendeinem "Logos", in irgendeiner "-logie" müssen sie doch sein!

Auf verschiedene Weise haben bereits in der antiken Welt Israel und Hellas die Mythologie überwunden: Israel durch die Aufstellung des einen und einzigen der Welt vorhergehenden und ihr sich gegenüberstellenden Gottes, welcher ihr gleichzeitig den Bestand garantiert und für sie die Gesetze erlässt, Hellas durch die Aufstellung des einen und einzigen Göttlichen, innerhalb von dessen Sein und Gesetz die Welt, was sie ist, ist. Es ist geradezu der Gegensatz zwischen Transzendenz und Immanenz, den wir hier feststellen können. Es ist aber auch der Gegensatz zwischen einem eher personhaften (oder besser noch: überpersonhaften) Gott und einem eher unpersonhaft Göttlichen, welcher sich darstellt. Und suchen wir diesen Gegensatz noch weiter in der religiösen Welt auf, so finden wir den eher personhaften Gott außer im Judentum im Christentum und im Islam, das eher unpersonhaft Göttliche in der asiatischen: in der indischen und chinesischen Religiosität. Die vorderasiatischen, "abrahamitischen" Religionen vermögen sich allesamt dazu zu verstehen, von einem "Schöpfer" der Welt oder der Welten zu sprechen, die hinterasiatischen Religionen fragen demgegenüber nach dem "Prinzip", nach dem Urgesetz oder der Kraft.

Wir können keine dieser beiden Religionsarten ohne weiteres verneinen, und beide widersprechen i.ü. auch nicht – im Unterschied zu der mythologischen Form - der wissenschaftlich-technischen Betrachtung der Welt (es sei denn dass diese selbst zu einem Religionsersatz wurde). Und dennoch sind wir gezwungen zu sagen: Christen glauben an Gott, sie haben nicht ihr höchstes religiöses Verhältnis zu dem, das wir das Göttliche nannten und das die Griechen den Logos genannt haben oder die Chinesen das Tao oder die Inder das Dharma. Und wenn eben auch Jesus einen Glauben an den oder das Glauben, nämlich im Sinne von tiefem Vertrauen - gekannt hat und seine diesbezügliche Haltung durchaus mit der fernöstlichen Religiosität vergleichbar sein muss, so setzt er doch hier nicht den Schwerpunkt, sondern er selbst und auch das Christentum nach ihm bestimmen sich über ihre Idee. Sie hängen ihr Herz an ein Herz Gottes, nicht so sehr an eine Grundkraft des Universums oder der Welt oder selbst auch des Geistes. Und dass der jesuanische und dann auch der christliche Glaube Aussagen oder Aufstellungen überhaupt über ein "Herz" Gottes machen, nämlich von Gottes Liebe sprechen, das unterscheidet sie wiederum von dem des Judentums oder auch des Islams.

Christen denken vom Glauben, dass in ihm dergleichen wie religiöse Herzlichkeit maßgeblich ist, und innerhalb dieser religiösen Herzlichkeit dreht sich nun alles zwar auch allgemeinreligiös um dgl. wie Ehrfürchtigkeit, Gelassenheit oder Geduld, aber nun auch und vor allem um Liebe, u.z. um warme oder gar glühende Liebe. Man wird weder in der griechischen Logos-Frömmigkeit noch im Taoismus noch im Buddhismus diese Liebe entdecken (lassen wir hier einmal den komplexen Hinduismus beiseite), man wird diese Liebe aber auch in der jüdischen Frömmigkeit oder im Islam nicht entdecken. Das jüdische Gesetz wie die Anweisungen des Koran vermag ich auch ohne ein in Liebe brennendes Herz zu befolgen, und sowohl die Lehre des Lao Tse als auch der ursprüngliche Buddhismus hätten mir geradezu zu empfehlen, mein Herz sozus. herunterzukühlen und in einem äußersten Sinne nüchtern werden zu lassen.

Indessen ist aber der Glaube nicht eins mit der Liebe, sondern er bezieht sich auf sie. Er bezieht sich unter Umständen sogar schmerzhaft auf sie, während und gerade weil er in einer anderen Hinsicht beständig auf dem Übergang in sie ist! Wir würden dies insbesondere sowohl an dem Apostel Paulus und dem Reformator Luther als auch an dem Evangelisten Johannes und dem idealistischen Philosophen Fichte verdeutlichen können. Paulus hat in unvergänglichen Worten die Liebe gepriesen - und zugleich auch gefordert: *"Wenn ich mit Menschen- und mit Engelzungen redete und hätte die Liebe nicht, so wäre ich ein tönendes Erz und eine klingende Schelle. ... Die Liebe ist langmütig und freundlich, die Liebe eifert nicht, die Liebe treibt nicht Mutwillen, sie bläht sich nicht auf, sie stellt sich nicht ungebärdig, sie sucht nicht das Ihre, sie lässt sich nicht erbittern, sie rechnet das Böse nicht zu, sie freut sich nicht der Ungerechtigkeit, freut sich aber der Wahrheit; sie verträgt alles, sie glaubt alles, sie hofft alles, sie duldet alles."* Aber, so ergibt sich die Frage, lässt sich denn diese Liebe auch ohne weiteres leben? Bedarf es hier lediglich einer kleinen Ermunterung bzw. eines großen und edlen Entschlusses? Paulus selbst bezeichnet die Liebe als eine "Gabe des Geistes" (u.z. als die größte). Der Geist aber entspringt für ihn aus dem Glauben, nämlich dem Glauben an Christus. Oder noch etwas anders gesprochen: Erst die Ergriffenheit durch den Geist Christi befähigt für Paulus zur Liebe. Ohne diesen Geist muss der Mensch, auch und gerade der religiöse Mensch, in einer inneren Zerrissenheit bleiben. Beinahe noch schmerzlicher als Paulus, der in seinem vormaligen jüdischen Glauben durchaus noch selbstbewusst war, scheint Luther die Zerrissenheit des Gott zu entsprechen oder "gerecht" zu werden versuchenden Menschen erfahren zu haben. Der Mensch soll Gottes Willen in guten Werken und vor allem auch in der Liebe erfüllen - er vermag's aber nicht! Und indem er nun allein das Gericht vor sich sieht, beginnt er über sein Versagen hinaus sogar Gott noch zu hassen. Erst indem er glauben kann, dass Gott ihn erstens vollständig anerkannt hat und zweitens ihm in diese sein sollende Entsprechung unfehlbar hineinhelfen wird, fällt alle Last und Gewissensqual ab, und er vermag nun sowohl Gott zu lieben als auch in Freiheit und Freude Gutes zu tun und also auch seinen Nächsten zu lieben.

Anders bei dem Evangelisten Johannes. Wir bemerken bei ihm nirgendwo eine tragische innere Spannung, ein Zerbrechen im Gemüt oder der Seele, dem erst ein neuer Aufbau nun folgte, sondern denen, die da Gottgezeugte schon in Ewigkeit sind, werden nach Johannes durch die Begegnung mit dem anschaulich gewordenen Gotteswort Jesus die Augen geöffnet, und sie vermögen nun auch selbst als Gottgeborene und das Leben Gottes in sich bewusst Enthaltende mit den Augen Gottes Augen sehen - *"Ich kann allein tun, was ich den Vater tun sehe",* sagt der johanneische Jesus, und: *"Wie der Vater das Leben hat in sich selber, so hat er auch dem Sohn gegeben, das Leben in sich selber zu haben."* So herrscht nun aber nicht allein eine geistbestimmte und lebengetragene Herzens-Einheit zwischen Vater und Sohn, sondern – als Liebe – auch zwischen den "Söhnen" selbst wiederum, nämlich wie zwischen Geschwistern oder Freunden und Gesinnungsgenossen - aber am ehesten doch wie zwischen Freunden und Gesinnungsgenossen - denn die Einheit kann nicht spezifisch blutsmäßig, sie muss spezifisch geistlich vorgestellt werden. Und wie Johannes weiß denn auch Fichte das Auge Gottes im eigenen Sehen, und das Tätigsein durch das sehende und liebende Ich muss nun Fichte geradezu das Sein Gottes bedeuten.

Christen denken vom Glauben also, dass er einerseits das Gott empfänglich Entsprechende, andererseits aber auch das ihn tätig Repräsentierende ist; dass er einerseits in schwerer Anfechtung vor der Verzweiflung bewahrt, andererseits das den Menschen, gingen ihm nur die Augen (Gottes) erst auf, ohne weiteres auch mit Sinn Erfüllende ist.

Sie denken des Weiteren, dass der Glaube einmal – und punktuell auch bereits jetzt - durch reines Schauen und reines Tätigsein ersetzt werden wird oder eben auch durch die Liebe, dass er aber einstweilen – oder gewöhnlich - noch das für sie konkretere Lebenselement sein muss. Der Glaube ist gleichsam die relative Identität zwischen Genügen und Ungenügen, zwischen Schon und Noch-Nicht, wie die Liebe die relative Identität zwischen Zeit und Ewigkeit, überhaupt zwischen Gott und Mensch und dann auch Mensch und Mensch ist.

Was Christen von der Bibel denken

Christen sprechen von der Bibel – "Alten" und "Neuen Testamentes" - als ihrer "Heiligen Schrift". Gleichwohl ist die Bibel für sie nicht in dem Sinne ein "heiliges Buch", dass es in seinem Wortlaut mehr oder weniger direkt auf Gott zurückgeführt werden oder als gleichsam vom Himmel diktiertes Manifest aufgefasst werden könnte. Nicht einmal der Umfang der in der Bibel gesammelten Schriften ist unter den Christen einheitlich und endgültig bestimmt. Allerdings ist ein Mindestumfang Konsens: 39 Schriften als Altes, 27 als Neues Testament, die einen in etwa in dem Jahrtausend vor, die anderen in etwa in dem Jahrhundert nach Christus entstanden.

Diese biblischen Schriften werden von den Christen als Zeugnisse von bzw. als Hinweise auf Christus verstanden, der denn auch gleichsam als das eigentliche Wort, die eigentliche Aussage Gottes aufgefasst wird. Und diese Zeugnisse oder Hinweise wiederum geben nun einerseits eine gewisse Richtlinie ab, wie über Christus gedacht werden kann oder soll (in erster Linie natürlich die nach Christus entstandenen Schriften), aber sie sind andererseits doch wieder nicht in einem buchstäblichen Sinne verbindlich. Nicht dass christlicherseits auch anders über Christus bzw. Jesus gedacht werden könnte – vielmehr ist, was "christlich" heißen darf, gleichsam geschichtlich geschützt – aber es ist nicht auch zwingend genauso zu denken. Was i.ü. schon deshalb auch keine Möglichkeit ist, als bereits innerhalb der Bibel und vor allem des Neuen Testamentes über Christus unterschiedlich gedacht wird. Zwar hat es bereits in früher Zeit nachträgliche Korrekturen an einzelnen Schriften mit dem Bestreben gegeben, zu einer weitestgehend einheitlichen Gedankenführung zu kommen, aber jene Unterschiede im Denken der urchristlichen Christologen werden noch überall hinreichend deutlich und machen inzwischen für den, der sich in diese Zusammenhänge vertieft, sogar das Anregende und den Reichtum jener Gedankenwelt aus. So ist es ein deutlicher Unterschied, ob wir es mit dem Selbstverständnis und der Gedankenwelt Jesu zu tun haben oder z.B. des Apostels Paulus oder des vierten Evangelisten. Auf der anderen Seite werden wir diese Unterschiede eben auch nicht geradezu als Gegensätze bezeichnen. Der Apostel Paulus z.B. hat eine Auffassung gehabt oder zumindest geteilt, nach welcher Christus als ein bereits ewiger Sohn Gottes sich in einer Tat vorgeburtlichen (!) Gehorsams Gott gegenüber *"von einem Weibe gebären und unter das Gesetz stellen"* ließ, um einen bestimmten Auftrag ausführen zu können. Der wirkliche Jesus selbst demgegenüber hat ganz offensichtlich von einer solchen vorgeburtlichen Existenz seiner selbst nichts gewusst, und der Evangelist Johannes wiederum verbindet auf bestimmte Weise dies beides, indem er den Zimmermanns- (nicht den Jungfrauen-!) Sohn Jesus von Nazareth gleichzeitig die Erscheinung des urewigen Gottesworts sein lässt. Was der wirkliche Jesus in einem existenzhaften Vor- oder Ausgriff in der Tat beanspruchen geradezu musste, nämlich unendlich gültig und also "immer schon" - nach der Art seines Denkens und Sichhaltens und Tuns – Sohn Gottes zu sein, den allmächtigen Gott oder das ewige Geheimnis der Welt zu vertreten, dass haben nach ihm die einen mythologisch auseinandergelegt und gestaltet und die anderen philosophisch begriffen. Das müssen Unterschiede, aber eben nicht unbedingt Gegensätze auch sein. Immerhin können diese Unterschiede zu Gegensätzen doch werden, wenn die verschiedenen Seiten dgl. wie die alleinige religiöse oder christliche Rechtmäßigkeit beanspruchen wollen. Wobei auch hier noch einmal näher hingesehen sein müsste, denn diese drei eben genannten Formen stehen ja nicht einfach nur nebeneinander, sondern können und müssen in einer geschichtlichen und auch logischen Abfolge aufgefasst werden, und die johanneische Gestalt nun christlichen Verstehens als eine Gestalt zugleich des Begreifens oder "Erkennens" (wie Johannes selbst sagt) hat als die einzige das Vermögen, die vorigen in sich selbst aufheben zu können. Ihr wird insofern auch am allerwenigsten daran liegen, dgl. wie Rechtmäßigkeit i.S. von Alleinvertretung zu behaupten (sie wird nur ihre Rechtmäßigkeit im gegebenen Falle immer zu verteidigen wissen). Die johanneische Gestalt wird sowohl das jesuanische wie auch das paulinische Christentum immer mit großer Gelassenheit, ja Freude und Liebe auch sehen, und am ehesten wird es noch das paulinische sein, welches eine gewisse Unduldsamkeit ausdrückt. Aber auch es wiederum ist gleichsam bereits auf dem Wege, johanneisch zu werden

Christen müssen nicht unbedingt, um sie selber zu sein, diese Zusammenhänge begreifen, sie dürfen es aber, und dieses Begreifen kann sie nur allenfalls noch in ihrem Glauben bereichern statt ihnen den Glauben zu nehmen oder sie ärmer zu machen.

Das Maß des Begreifens muss i.ü. natürlich immer auch das Maß der Urteilsfähigkeit sein. Je mehr ich begriffen habe, desto entschiedener (und gelassener auch) werde ich urteilen können. Gerade in ihrer in sich bereits Ausdifferenziertheit und in ihrem gedanklichen Reichtum kann und will insofern die Bibel auch mustergültig und maßgeblich bleiben. Was sich in ihr als das Zentrale herausstellt, wird nicht späterhin marginalisiert werden dürfen. Und was umgekehrt in ihr eher an den Rand gedrängt ist, wird nicht späterhin in die Mitte gerückt werden dürfen. Vor allem wird das Christentum, will es Treue zum Ursprung bewahren, nicht neu- oder auch andersgeartete Frömmigkeitsformen zu kultivieren beginnen, insbes. solche nicht, die von den vor allem neutestamentlichen Schriften als wenn nicht theoretisch, so doch praktisch ausgeschlossen erscheinen: Formen der Gesetzlichkeit, des Rituellen, aber auch der Meditation, des Mystischen, der Theosophie und dgl. Die christliche Kirche wird auch z.B. keine Heiligen- oder gar Engelsverehrung und –anrufung zulassen können - ja, sie wird sogar mit der Anrufung Jesu äußerst vorsichtig und zurückhaltend sein. Der Apostel Paulus, welcher eine persönliche Vision (oder Audition) des Auferstandenen hatte und durch diese überhaupt erst von einem Verfolger zu einem Vertreter des Christentums wurde, hat tatsächlich Christus auch um persönliche Hilfe - im Zusammenhang mit seiner uns nicht näher bekannten Krankheit - gebeten, aber zum einen ist er in gewisser Weise mit dieser Anrufung gescheitert, zum anderen wird auch und gerade von ihm deutlich gemacht, dass Christus - als der "Herr" - wohl die maßgebliche Orientierung für die christliche Glaubensexistenz insgesamt sein muss, nämlich als deren Begründung wie Beispiel, dass aber das persönlich-religiöse Verhältnis auch für den Christen ein solches zu Gott ist, nämlich dem Vater. Am Ende der Zeiten wird für Paulus sogar jene generelle Maßgeblichkeit Christi wieder verschwinden, weil es dann mit der vorübergehend notwendigen Herrschaft von Christus vorbei ist und alle jetzt noch bestehenden Dissonanzen sich in eine unendliche Harmonie aufgelöst haben.

Christen denken von der Bibel zwar nicht, dass in ihr die allein möglichen christlichen Lebensgestalten sich ausgedrückt finden, dass sie aber sehr wohl auch in dieser Beziehung so etwas wie eine gesunde Mitte bedeutet und dass alles, was von der biblischen, insbesondere neutestamentlichen auch Frömmigkeitsart abweicht, entweder über- oder untertemperiert sein wird und also auf die eine oder die andere Art krank. Es gibt Abweichungen, welche auf irgendeine Weise "Frömmlertum" sind, und es gibt Abweichungen wieder nach der anderen Seite, bei denen das Christliche zu irgendwie vager Gottesfurcht und ebenso vager Mitmenschlichkeit wird. Wobei immer aus der Perspektive des einen Extrems auch die Mitte bereits als in der Nähe des gegenüberliegenden stehend erscheint: Die "Pietisten" werden immer die "Normalchristen" gern zu den Unfrommen zählen und die Kirchfernen umgekehrt alle Kirchenchristen bereits zu den Frömmlern.

Gibt es ein Christentum ohne die Bibel? Es gibt kein Christentum ohne Christus (womit nichts darüber gesagt ist, ob es nicht eine Gottesreichteilhabe außerhalb des Christentums gibt - das Christentum selbst lehrt eine solche bejahen!), allerdings muss es nun eben auch schwer vorstellbar sein, dass es eine Bildung oder Kultivierung der Christusbeziehung geben sollte ohne die Bibel. Oder auch anders begriffen: es wird immer sowohl Gedankenlosigkeit als auch Undankbarkeit sein, als ein Christ nicht regelmäßig auf die Bibel zurückgreifen zu wollen. Das Ende und die Vollendung unseres Daseins sollen in einem Verinnerlichthaben Gottes bestehen, aber vom Bissen bis zum Mund, wie es Luther gesagt hat, kann der Weg unter Umständen sehr weit sein. Wir können uns immer unmittelbar schon in der Ewigkeit fühlen, im Einklang mit Gott, in einer Gemeinschaft mit Christus, und wenn wir dieses Gefühl niemals hätten, würden wir wohl auch nicht von Gott und von Christus Getragene sein, aber die Wirklichkeit unseres gegenwärtigen Daseins ist eben gleichzeitig noch unabgeschlossene Bildung und Reifung - unser Geist bedarf immer noch erneuerter Klärung, wie er ja i.ü. auch immer wieder allerlei Verunklärungen leidet. Und: er soll sich bewähren - er muss in Auseinandersetzungen stehen, und er bedarf hier, ob er es will oder nicht, eines Arsenals oder Waffen! Der Verstand allein, so sehr er auch geübt und gebraucht werden muss, reicht für das Christsein nicht zu. Und das Christliche - das eigentlich und echt Christliche - muss sich ja noch nicht einmal in erster Linie in der Welt immer bewähren, sondern es muss sich in einer sog. "christlichen Kirche" bewähren und immer neu hergestellt werden, welche niemals von selbst und ohne weiteres schon christlich sein kann (denn dann wäre sie es von Anfang an schon gewesen, dann hätte es nie Trübungen oder Spaltungen gegeben, dann wäre vermutlich sogar die gesamte Welt lange schon christlich) - sondern sie muss sich besinnen und konzentrieren und fassen, und dazu verhilft ihr nicht allein der Verstand, nicht allein auch das Beten, nicht allein auch ein gemeinschaftliches Wollen (von was auch?), nicht allein eine "persönliche" Beziehung zu Christus (bei den ehemals christlichen Quäkern ist auf diesem Wege des bibellosen Geistchristentums das Christliche im begrifflichen Sinn aus der Gemeinschaft auch verschwunden), sondern dazu verhilft immer wieder die Bibel! Dass etwas Zentrales so und nicht anders in den biblischen Schriften gesagt oder dargestellt wird, ist unter Christen zwar nicht als ein schlagendes Argument zu verwenden, aber doch allemal als ein Indiz - es sei denn, es würde auch Beliebiges "Christentum" genannt werden dürfen - oder noch weiter: es sei denn, dass das Christentum selbst etwas Beliebiges wäre. Dies würde aber zwingend nicht die christliche Anschauung sein. Sondern die christliche Kirche hat geradezu ihre höchste Aufgabe darin, das Christliche es selbst sein und bleiben zu lassen.

Was Christen von den Zehn Geboten denken

Die Zehn Gebote gelten nicht nur allgemein vielen Religiösen, sondern auch vielen Christen als die wichtigsten Worte Gottes. Sie scheinen eine Zusammenfassung dessen zu sein, was von Menschen zu beherzigen ist. Und würden diese Gebote beherzigt, die Welt oder eine Gemeinschaft oder eine Gesellschaft von Menschen wäre in einer zumindest äußeren Ordnung, ja, sie würde in Ordnung erstrahlen! Und mehr noch: Der, welcher die Zehn Gebote befolgt, scheint sogar nach den Worten von Jesus selbst Teilhaber am Reich Gottes zu werden: *"Es lief einer herzu und fragte: Meister, was soll ich tun, dass ich das ewige Leben ererbe? Und Jesus sprach zu ihm: Du weißt die Gebote: du sollst nicht töten, du sollst nicht ehebrechen, du sollst nicht stehlen, du sollst nicht falsch Zeugnis reden, du sollst niemand berauben, ehre Vater und Mutter!"*

Auf der anderen Seite stellt sich dann doch wieder heraus, dass hier etwas vielleicht sogar Entscheidendes fehlt, und bezeichnenderweise werden einerseits die auf Gott sich beziehenden Gebote in dieser Aufzählung gar nicht genannt: *"du sollst keine anderen Götter neben mir haben, du sollst den Namen des Herrn, deines Gottes, nicht unnütz gebrauchen"* - andererseits ist das Gebot: *"du sollst nicht begehren"* durch *"du sollst nicht berauben"* ersetzt. Es fehlen also gerade die Gebote, die vor allem mit dem Herzen befolgt werden wollen, und es ist bereits von daher nun fraglich, ob tatsächlich für Jesus die äußere Observanz den Menschen mit dem ewigen Leben verbindet. In der sog. Pharisäerrede hat Jesus denn auch gegen diese äußere Befolgung scharf polemisiert und die Gesetzesfrommen, die da zu allem Überfluss auch noch Proselyten machen und Menschen zu "Kindern der Hölle" erziehen, als "übertünchte Gräber" bezeichnet, *"welche auswendig hübsch scheinen, aber inwendig sind sie voller Totengebeine und Unrat."*

Es ist am Gesetz und nicht allein an seinen ausufernden Verzweigungen etwas, dass sich gegen Gott und Mensch kehrt und sogar gegen einen innersten Sinn des Gesetzes selbst. Das Gesetz ist einerseits nicht zu verneinen und etwa für schlecht oder gar böse zu halten – *"schaffen wir das Gesetz ab? "* so fragt Paulus, um die Antwort zu geben: *"nein, sondern wir richten das Gesetz auf! "* Und auch Jesus sagt bei Matthäus: *"ich bin nicht gekommen, das Gesetz aufzulösen,* sondern zu erfüllen" - auf der anderen Seite *"richtet das Gesetz Zorn an",* ja es lässt den Menschen unter seinem Anspruch zerbrechen. Das, was das Gesetz fordert, vermag es - auf dem Wege eben der bloßen Forderung bzw. dem Gehorsam ihr gegenüber - gerade nicht zustandezubringen! Es stellt vor den Menschen ein ideales Bild dessen, was der Mensch durch seine Handlung und Haltung verwirklichen soll, aber es vermag ihm nicht zugleich auch zu sagen oder zu zeigen, auf welchem Wege er die geforderte Haltung oder Handlung erreicht. Durch Willensentschluss? Durch Übung und Gewohnheit? Durch umgekehrt Abtötung eines Gewohnten?

Der Christ Paulus sagt seltsamerweise, dass er als Jude im Gesetz untadelig war. Offensichtlich hat er es tatsächlich in einem bestimmten äußeren Sinne befolgt, und man wird ihm nicht unterstellen müssen, dass er hier lügt. Aber dann bezeichnet er eben auch diese Befolgung ganz entschieden als "Dreck"! Nicht dass für Paulus einem Christen nun das Töten, Stehlen usw. freigestellt wäre, aber es wird eben verneint, dass der Gesetzesbefolger Gott und sich selbst durch das Gesetz wirklich zu entsprechen vermag. Ja, dieser Befolger entspricht eben nicht einmal dem innersten Sinn des Gesetzes selbst! Der Wille Gottes will frei und mit Freuden befolgt sein, und dem wird weder eine mir als etwas Fremdes abgedrungene oder auferlegte noch gar die mit einer Erwartung verbundene Leistung gerecht, von Gott etwa belohnt (bzw. im umgekehrten Fall des Versagens bestraft) werden zu müssen.

Aber es hat eben auch die Möglichkeit der Befolgung schon innerhalb des Gesetzes selbst eine Grenze. Denn wie soll ich das Gebot *"du sollst nicht begehren!"* auf eine äußere Weise oder sozus. leistungsmäßig befolgen? Wie Schopenhauer es gelegentlich ausdrückt: ich kann alles Mögliche wollen - aber ich kann gerade mein Wollen nicht wollen. Und so werde ich umgekehrt mein Begehren auch nicht nicht wollen können. Es sei allerdings, ich bin Buddha! Dann habe ich nämlich erkannt, dass jegliches Begehren eine Sinnlosigkeit ist, und dieser mein innerer Antrieb ist nun durch mein Erkennen gleichsam versiegt oder vertrocknet. Es hat dann allerdings auch keinen Sinn mehr, z.B. einen Feiertag heiligen zu wollen oder gerade den Vater und die Mutter zu ehren - ganz abgesehen davon, dass der Buddhismus konsequenterweise keine Beziehung zu Gott kennt.

Der Apostel Paulus hat gerade an den beiden letzten der Zehn Gebote (nach der alttestamentlichen Zählung sind sie nur eines) - *"Du sollst nicht begehren!"* - die innere Unzulänglichkeit des Gesetzes deutlich gemacht bzw. mit der Hilfe dieser Gebote einen inneren Zwiespalt des natürlichen bzw. des unter dem Gesetz stehenden natürlichen Menschen erklärt. Dieser Mensch bejaht das Gesetz, aber er entdeckt gleichzeitig etwas in seinem "Fleisch", in seinem Innern, in seiner Natur, das sich der eigentlichen Erfüllung des Gesetzes verweigert. Erst der tatsächlich vom Menschen Besitz ergreifende Geist Gottes oder genauer: Geist Christi kann ihn von jenem Zwiespalt erlösen, indem er sein Herz, seinen Sinn und sein Wollen bestimmt.

Die Zehn Gebote bezeichnen also auch für den Christen zweifellos Gottes Willen, aber es schlägt in einem Christen nicht an dieser Stelle sein Herz. Ja, es schlägt sein Herz nicht einmal dort, wo diese Gebote in ihrer äußerste Summe zusammengefasst worden sind: *"Meister, welches ist das vornehmste Gebot im Gesetz? Jesus aber sprach: du sollst lieben Gott, deinen Herrn, von ganzem Herzen, von ganzer Seele und von ganzem Gemüte. Dies ist das vornehmste und größte Gebot. Das andere aber ist ihm gleich: du sollst deinen Nächsten lieben wie dich selbst. In diesen zwei Geboten hängt das ganze Gesetz und die Propheten."*

In Wahrheit kommt in dieser Zusammenfassung oder Quintessenz des Gesetzes nur das Problem noch umso deutlicher an das Licht. Wie nämlich soll ich das können: Gott und meinen Nächsten zu lieben, und zwar mit einer Intensität, welche der Liebe zu mir selbst (wenn denn diese vorausgesetzt werden kann - aber sie kann es, und wenn auch nur in dem Sinne, dass ich ein mir angebotenes Gutes niemals ablehnen werde) in nichts nachstehen soll! Ich liebe in dieser Weise als natürlicher Mensch weder Gott noch den Nächsten! Ich liebe erst recht unter dem Gesetz in dieser Weise weder Gott noch den Nächsten; denn indem das Gesetz mich noch eigens beanspruchen will (oder beanspruchen muss), verdoppelt es mein Bewusstsein von dem Verhalt: es muss mir meine Unzulänglichkeit nicht allein offenbaren, sondern auch vorhalten! Gerade dies aber fördert nicht meine Liebe, sondern meine Abneigung: am Ende geradezu meinen Hass Gott gegenüber. Und auch im Blick auf meinen Nächsten raubt es mir die Kraft und die Lust, ihn zu lieben. Das Gesetz zieht mich, und je mehr ich gezwungen bin, es zu bejahen (wer würde dieses doppelte Gebot der Liebe nicht geradezu mehr noch bejahen als jene anderen zehn), in eine negative Dynamik, welche mich am Ende zerstört.

Aber selbst wenn der Sachverhalt nicht in dieser Weise dramatisiert werden muss, sondern wenn ich mit ihm in einer gewissen Oberflächlichkeit umgehen kann - wenn ich mir diese Aufforderung zu lieben gleichsam zu einem freundlichen Wohlwollen und Wohltun gegenüber dem zu Liebenden herabgestimmt habe - bleibt eine Irritation oder Störung, eine Unfreiheit und Unfreudigkeit in meinem Gemüt. Ich stehe auch dann unter einem "du sollst", werde von etwas mir Äußerlichem und Fremdem bestimmt, werde keine Erhabenheit fühlen. Das Gesetz drückt mich - ob stark oder schwach - nieder, der ich doch von einem hohen Gefühl, einer hohen Freiheit, einer hohen Freude bestimmt werden müsste, um seinem Sinn wirklich entsprechen zu können.

So haben Christen zu den Zehn Geboten zunächst und grundlegend ein gespaltenes Verhältnis. Sie können und werden den Sachgehalt dieser Gebote niemals verneinen, sie verneinen auch noch nicht einmal ihren Anspruch - aber sie verneinen die Möglichkeit, auf einem Weg der "Befolgung" Gott gerecht werden und mit sich selbst in Übereinstimmung und zu Identität gelangen zu können.

Der Apostel Paulus schreibt, Christus sei *"des Gesetzes Ende"*. Jesus selbst sagt, er sei gekommen, das Gesetz *"zu erfüllen"*. So oder so geht es nicht um "Befolgung". Und hätten Paulus und auch Jesus deutsch gesprochen und darüber hinaus auch begrifflich gedacht, so hätten sie vermutlich Hegels Begriff der "Aufhebung" gebraucht, um den eigentlichen Sachverhalt deutlich zu machen: Jesus/ Christus "hebt" das Gesetz "auf": beseitigt es nicht einfach nur, sondern bewahrt es, verneint es lediglich in seiner bisherigen Funktion oder Bedeutung, bringt es auf eine neue und andere Stufe hinauf, stellt es in seinem wahren Sinn aufs Podest.

An die Stelle der Gespaltenheit des Umgangs mit dem Gesetz tritt aber insofern nun auch noch eine andere christliche Haltung, nämlich ein gelassener, ein gerecht urteilender, ein das Gute behaltender und das Schlechte zurücklassender Umgang. "Prüft aber alles und behaltet das Beste", dieser urchristliche Grundsatz gilt auch und gerade den Zehn Geboten oder dem Gesetz gegenüber.

Die Christen wissen sozus. Bescheid, welche mehrfache Bedeutung das Gesetz hat, und mitunter denken sie sogar, dass auch und gerade das Erschreckende an ihm noch sein Gutes besitzt - aber so denken sie natürlich immer auch erst, wenn sie bereits im sicheren Port sitzen dürfen. Und im sicheren Port sitzen sie dann, wenn ihnen grundlegend an die Stelle von Gesetz und Gebot dieses ganz Andere trat: der Glaube, der Geist, die Gewissheit, der Frieden, Freiheit, das Bewusstsein, allemal bereits zu den Königskindern des Höchsten gezählt worden zu sein. Und sind sie nun in dieser Gewissheit von einer hohen und edlen Gesinnung erfüllt oder beseelt, so sind sie auch selbst in der Lage, in den verschiedensten Hinsichten oder Belangen gleichsam Spielregeln aufstellen zu können. Müssen sie dagegen an dieser Gesinnung noch lernen und in dieser Gesinnung noch wachsen, so werden sie sich auch immer wieder an die Gebote erinnern - aber nicht, um sich erneut unter ihre Befolgung zu rufen, sondern eher, um sich ein wenig beschämen und durch die Beschämung hindurch von neuem ermuntern zu lassen - zum Glauben, zur Liebe, zum Dank, zum Geist und zur Freiheit.

Nein, Christen werfen die Zehn Gebote nicht zum Gerümpel, aber sie müssen sich auch nicht mehr allzu oft gerade an ihnen noch messen, sondern sie messen sich viel eher und dann auch gewöhnlich an dem, der eben das Gesetz für sie "aufhob": an Christus, an der Person und Persönlichkeit Jesu, an dem gekreuzigten und auferstandenen Sohn Gottes, der da eigentlich der Weg ist, die Wahrheit, das Leben.

Was Christen von der Sünde denken

Christen sprechen, wenn es um das Kernproblem geht, lieber von "Sünde" als etwa von Schuld, Tod oder Schicksal. Und sie denken bei diesem Wort zwar einerseits Ähnliches, aber andererseits doch etwas Anderes als der gewöhnliche Mensch. Sie denken Ähnliches, denn sie denken, dass "Sünde" dgl. wie eine Verfehlung des Heiligen ist. Aber sie denken doch etwas Anderes, weil sie das Heilige auf eine andere Weise begreifen. Wir könnten auch sagen: es gibt einen allgemeinen und es gibt einen spezifischen Begriff von der Sünde, und in demselben Maß, in welchem sich die Christen als gleichsam religiös fortgeschritten verstehen, dreht es sich bei ihnen eher um den spezifischen als um den allgemeinen Begriff. Ehrfurchtslos zu sein Gott gegenüber, rücksichtslos gegenüber den anderen Menschen - wer tatsächlich ein Christ ist, ist über diese Sünden ohnehin schon hinweg, wie im Grunde natürlich auch jeder nichtchristliche Fromme über sie schnell hinweg ist. Es sind auch überhaupt nicht die groben Sünden das Problem für den Christen wie Fluchen, Stehlen, Ehebrechen oder Morden, sondern dass er das Heilige auf eine nähere, aber umso nachhaltigere Weise verfehlt, und die beiden sozus. christlichsten Formen der Sünde sind Überheblichkeit und Kleinmut - im Glauben! Der überheblich Glaubende bewegt sich in einem Gefühl, Gott ohne weiteres oder unmittelbar zu entsprechen. Der kleinmütig Glaubende bewegt sich in einem Gefühl, Gott ja doch niemals und durch nichts wirklich entsprechen zu können. Und beide Formen, statt ihn mit Gott zu verbinden, entfernen den Menschen von Gott.

Die "christliche" Sünde bewegt sich nicht auf dem moralischen oder sogar lediglich auf dem Gebiet des Recht-und-Ordnung-Gesetzes, sondern auf dem der Religion selbst und des näheren noch eben auf dem des Lebens des Glaubens. Der Christ ist ein dankbar-stolz-demütiges Kind Gottes, aber er darf in dieser seiner Gesinnung weder zu stolz noch zu demütig sein, und er wird i.ü. auf beiderlei Art auch nicht mehr dankbar sein können. Oder wie der Apostel Paulus es gelegentlich äußert: *"Schafft euer Heil mit Furcht und Zittern!"* Der Christ hat in all seinem Leben wohl ein Herz, welches fest ist (jedoch nicht hart), aber seine Knie werden doch immer ein wenig auch weich bleiben müssen, und er weiß nicht, ob er es durchstehen wird. Er kann es aber auch zugleich immer nicht fassen, wie beschenkt von Gott er doch ist. Die Hauptsünde zumindest (wir erinnern noch einmal, dass Sünde eine Verfehlung des Heiligen ist) ist für ihn nicht zuerst eine solche des Denkens und auch nicht des Handelns – sie ist eine solche des Herzens. Wie denn der Glaube zwar sowohl denkt als auch handelt, aber vor allem in Mut und Gewissheit besteht. Mut und Gewissheit in der Königskindschaft Gottes zu kultivieren, zu stärken, sie weitestgehend zu einer zweiten Natur werden zu lassen: das ist die christliche Gesinnung, das christliche Streben, sofern es Selbsterhaltung und Identitätspflege ist. Und das Augenmerk in der christlichen Kirche ist auch insofern immer wieder hierauf zu richten. Aber natürlich, die Sünde, sofern sie den Menschen in seiner Ganzheit betrifft und durch Identität oder "Gerechtigkeit", das heißt Entsprechung Gottes abgelöst werden soll, ist immer wieder auch auf den Gebieten des Denkens und des Handelns zu Boden zu werfen. Sie ist theologisch und in der Theologie und als Theologie zu bekämpfen, und sie ist ethisch und in der Ethik als Ethik auch zu bekämpfen. An die Stelle der Lüge über Gott hat je und je wieder die Wahrheit zu treten, an die Stelle eines berechnenden und sich absichernden Handelns hat je und je wieder das Vertrauen und das sich aussetzende Handeln zu treten.

Versuchen wir die Sünde als wahrheitsloses Denken über Gott und als vertrauensloses und sich nicht aussetzen wollendes Handeln noch ein wenig plastischer werden zu lassen, um am Ende auch die Gerechtigkeit Gottes, die Gottgemäßheit (oder wie wir uns nun ausdrücken wollen) noch deutlicher zur Anschauung zu bringen.

Außer acht lassen müssen wir hier nach unserer Voraussetzung den Gedanken oder die Behauptung, dass Gott gar nicht sei. Luther hat gelegentlich darüber gesagt: *"Ich kann nicht denken, wie einem Menschen zu Sinnen sein müsse, der es nicht ernstlich dafür hält, dass ein Gott sei, da er doch täglich die Sonne aufgehen sieht usw. Er muss ja bisweilen denken und ihm einfallen, ob sie ewig gewesen sei, oder er muss die Augen in den Kot [=Dreck] hineinstecken wie die Säue; denn die Kreaturen ansehen und nicht daran denken, ob jemand sei, der sie treibe, regiere und erhalte, das ist unglaublich."* Der Gedanke oder die Behauptung, es gibt keinen wie auch immer näher zu bestimmenden Gott, ist im strengeren Sinne nicht ein Verfehlen Gottes, sondern eine Vernunftlosigkeit. Eine denkende Seele muss gleichsam ihre eigene Möglichkeit in Abrede stellen, um hoch- oder kleinmütig Gott leugnen zu können, und mitunter verheddern sich in diesem Gestrüpp sogar Christen. Die erste eigentliche Verfehlung Gottes bestreitet seine Personhaftigkeit (oder auch Über-Personhaftigkeit). Gott, sagt sie, sei ein unpersönliches Etwas, eine Kraft, eine Logik oder dgl., aber niemals ein Du, niemals die ernstzunehmende Adresse einer Anrede, eines Lobes, eines Dankes, eines Gebetes. Und entsprechend müsse schließlich der Mensch auch gleichsam sein eigener Gott zu sein sich bemühen - was in der Folge natürlich diesen Menschen genauso entpersönlichen muss.

Aber auch über den tatsächlich personal aufgefassten Gott ließe sich lügen bzw. etwas - immer von der christlichen Gewissheit aus geurteilt - Unwahres sagen, nämlich dass er im Verhältnis zum Menschen, statt der himmlische Vater zu sein, der Herr sei oder die Mutter. Der Herr, was bedeutet: der Mensch ist nicht Kind, sondern Knecht. Die Mutter, was bedeutet: der Mensch ist nicht freigegebener Geist, sondern umfangene Seele. Der Herr ist und bleibt vor allem auch der zornige Richter, dessen Ehre durch die "Sünde" verletzt worden ist, und wenn hier nun der Sünder zurechtgebracht und also zu Gnaden als Diener wieder angenommen sein soll, so wird bald alles Gewicht auf eine Art Sühnewerk fallen. Der Herr - "Vater" wäre hier ein unmögliches Wort! - musste möglicherweise sogar seinen lieben Sohn (der auch im strengen Sinn der einzige war) opfern, damit die Entsühnung des sich verfehlt habenden Dieners vollbracht, womöglich sogar ein Anspruch des Gegners, Satans, getilgt werden konnte. Und indem nun zwar die Verhältnisse in Ordnung gebracht worden sind - vermutlich aber auch nur, wenn von der Seite des Menschen der Sachverhalt begriffen und reumütig-dankbar anerkannt ist - bleibt es doch ein Verhältnis mit einer Distanz. Es ist auf keinerlei Weise ersichtlich, wie hier der Mensch sich zu einer Kindschaft – geschweige denn zu einer Königskindschaft Gottes zu erheben vermöchte - allenfalls könnte hier der Herrgott so tun, als wären die Entsühnten auch seine Kinder, könnte sie adoptieren und mit bestimmten Rechten versehen, aber es bliebe immer doch alles gebrochen, und es stellte sich nirgendwo eine echte Herzlichkeit ein.

Ganz anders, würden wir Gott nicht als unsern Herrn - aber eben auch nicht als unsern Vater -, sondern als unsere Mutter begreifen. Eine Mutter ist von Anfang an schon umfangend. Von seiner Mutter, die das Ewige selbst ist, kann das Kind eigentlich nie etwas trennen, auch nicht die größte Sünde, und ihre

Liebe ist nie unterbrochen und vor allem nie zornig, sondern allenfalls traurig. Ob Königskind oder nicht Königskind - Hauptsache: Kind, so ist die mütterliche Empfindung. Und werden zwar von der Seite der Mutter ebenfalls Erwartungen an ihre Kinder gerichtet, so werden doch nicht An- oder Zumutungen und gar allerhöchste Zumutungen gestellt. Auch die Mutter sieht Versagen und Scheitern, aber ihr kommt es auf ein Allerletztes oder -höchstes nicht an - sie kann sich auch freuen, wenn das Kind in einem eingeschränkteren Bereich "glücklich" sein kann. - Wenn den Christen Gottes Wahrheit sein Vatersein ist, dann ist ihnen i.ü. aber auch in einem spezifischen Sinne auf der Seite des Menschen die Sohnschaft die Wahrheit und nicht lediglich in einem unbestimmten Sinne die Kindschaft.

Wie nun aber im Handeln? Das vertrauende und sich aussetzende Handeln steht einfach nur ein für die Wahrheit. Es weiß sich weder verantwortlich noch auch zuständig für das Erreichen eines Ziels, für ein Gelingen, für die Errichtung und Aufrechterhaltung eines irgendwie Ganzen, nicht in einer Familie, nicht in einem Staat, nicht in der Kirche! Nicht in der Welt! Ist das Handeln nämlich auf dieses Gleis der Zuständigkeit einmal geraten, dann ist die Ersetzung Gottes durch den Menschen nicht zu vermeiden, dann sind immer 3,4,5, ja eine unendliche Reihe von Zügen und Möglichkeiten wie bei einem Schachspiel im voraus zu berechnen, dann ist zu taktieren, zu steuern, zunehmend auch zweckdienlich zu täuschen, zu lügen, und alles, was hier vorgeblich an "Gutem" erreicht werden soll oder auch wird, ist von allem Anfang zunichte gemacht, weil weder mehr die Wahrheit ist noch auch Gott.

Der Christ handelt nach seinem Gewissen und überlässt das Übrige Gott, d.h. er gibt es aus seiner Hand. Und so allein handelt er Gott auch gemäß. Und nach der anderen Seite nun wieder setzt er sich aber auch aus! Er schweigt keineswegs oder verhält sich nur still, sondern er tritt für Gott ein und die Wahrheit - und er setzt auf diese Art geradezu frei: Gott und die Wahrheit! Der Christ kann und will nichts anderes sein als der Gott entsprechende Mensch: in seinem demütig-stolzen Glauben und vertrauend sich aussetzenden Handeln. Und wenn nun bekanntlich zwar Luther gesagt hat, dass der Christ der gleichzeitig Sündige und Gerechte sein müsse - das, was Luther als die Sünde versteht, muss als die Verfehlung gerade im inneren Bereich des Glaubens immer aufgefasst werden. Der Punkt ist nicht, dass ich als Christ immer noch stehle und ehebreche und morde und mich dennoch als gerecht wissen darf, sondern dass ich als Christ immer noch in meinem Glauben das eine Mal kleinmütig und verzagt, das andere Mal überheblich und nachlässig bin und erst in der Ewigkeit unter dem Licht und der Kraft und in der Welt Gottes den ganz genauen Herzenspunkt treffe. Aber jetzt *liebt* mich der Vater bereits und auch jetzt bin ich für ihn, der ich sein soll und auch werde.

Was Christen von Jesus denken

Christen denken von Jesus gewiss, dass er "Gottes Sohn" ist. Allerdings ist die bloße Äußerung oder Behauptung "Jesus ist Gottes Sohn" an sich noch überhaupt nicht gedacht; denn es ist in ihr nicht von selbst schon enthalten, wie er denn solches ist, sein kann oder gar muss. Und der eine meint sich nun etwa vorstellen zu können (ob er es tatsächlich kann, lassen wir einmal beiseite), Jesu habe vor seiner irdischen Geburt bereits bei Gott (in einer irgendwie jenseitigen Welt) schon seit Ewigkeiten präexistiert, während der andere eher zu der Verallgemeinerung neigt, er sei, als Mensch, eben ein Kind – vielleicht und bestimmt sogar ein ganz besonderes Kind – Gottes gewesen. Ganz zu schweigen hier von der Ansicht, Jesus sei sozus. Gott selbst in irdisch-menschlicher Verkleidung gewesen (so wie nach der griechischen Mythologie Zeus sich gelegentlich in einen Schwan oder in einen Goldregen verwandelt). Beide Ansichten sind offenbar überspannt, und hätten wir die Möglichkeit, Jesus selbst zu befragen (und wir haben sie in gewisser Weise durchaus, indem wir die synoptischen Evangelien besitzen), so würden wir auf der einen Seite hinnehmen müssen, dass ihm von seiner vorgeburtlichen Existenz nichts bewusst war, auf der anderen Seite aber zugleich, dass er sich nicht lediglich als "ein Kind Gottes" begriff, sondern tatsächlich einzigartig, nämlich schicksalentscheidend als "Sohn". Welches Letztere aber zugleich wieder noch eine Einschränkung dabei hat; denn er hat sich nicht wesenhaft als exklusiven Sohn aufgefasst, indem er zum Beispiel gesagt hat: *"Selig sind die Friedfertigen; denn sie werden Söhne (nicht: Kinder) Gottes heißen"*, oder: *"Liebt eure Feinde usw., damit ihr Söhne (nicht: Kinder) seid eures Vaters im Himmel"*, und im übrigen kannte er sicher auch schon aus dem Alten Testament diese Stelle (Ps 82): *"Ihr seid Götter und allzumal Söhne des Höchsten"* (die dann auch von dem vierten Evangelisten zitiert wird). Lediglich im Blick auf den Austrag der Wahrheit und sodann auch des Schicksals ist er "der" Sohn und hat sich (unter welchen Begriffen auch immer) selbst als diesen verstanden. Er ist also – schon für sein eigenes Verständnis – nicht der einzige Sohn, aber er ist dennoch einzigartig der Sohn: urbildlich, "mustergültig" und schicksalentscheidend! Sofern also Christen an diesem Punkt denken, denken sie zumindest auf diesen Sachverhalt zu! Sie wissen dabei möglicherweise zugleich, wie mühsam sich dieser Sach-, Identitäts- oder Wahrheitsverhalt bereits in der urchristlichen Zeit an das Licht bringen musste. Für die Zeit Jesu selbst liegt hier noch kein großes Problem. Der Titel "Sohn" wird hier eben – wie von Jesus so auch von seinen Jüngern – ohnehin nicht in einem exklusiven Sinn aufgefasst, und die Probleme heften sich eher an Titel wie "Menschensohn" oder "Messias", welche Jesus akkomodierend zwar zulässt, da sie eine außerordentliche endzeitliche Gestalt implizieren (und als eine solche hatte er sich mit Notwendigkeit zu verstehen), welche sich Jesus aber andererseits doch wieder nicht aneignen kann, weil sie mit Vorstellungen (insbesondere auch politischen) konnotiert sind, welche zu seiner Sendung nicht passen. Eine tiefreichendere Verwirrung stellt sich mit dem Apostel Paulus erst ein. Dieser hat tatsächlich den Gedanken gehabt, "der Sohn" habe bei Gott präexistiert, und es sei bereits einem Gehorsamsakt seinerseits zu verdanken, *"von einem Weibe geboren"* zu werden, sich *"unter das Gesetz"* zu begeben und die unter dem Gesetz (als einem nicht möglichen Heilsweg) Gefangenen sodann zu erlösen, indem er stirbt, und zwar einen Schandtod sogar. Daraufhin führt ihn sein Weg aber nicht lediglich durch die Auferweckung zurück wieder zu Gott, sondern Gott hebt ihn nunmehr über die zuvor schon vorhandene Sohnschaft weit noch hinaus, indem er ihm den (an sich nur Gott vorbehaltenen) Titel "Herr" zuerkennt (welchen Titel allerdings Jesus oder der Christus am Ende aller Zeiten an Gott wieder zurückgibt). Es spielt im Übrigen für Paulus keinerlei Rolle, wie man sich Jesus gleichsam biologisch vorstellen muss – er war eben als Mensch unter uns, dies genügt ihm. Die in etwa 40 Jahre nach Paulus schreibenden Evangelisten Matthäus und Lukas (der ältere Evangelist Markus interessiert sich gar nicht für die Geburt Jesu) lassen Jesus sodann einen jungfräulich Geborenen werden und machen ihn auf diese Weise ausdrücklich zu einem biologischen Sonderwesen (was im übrigen natürlich für einen, der sich dergleichen weltanschaulich anzueignen versucht, das im Markusevangelium überlieferte krasse Missverhältnis zwischen Jesus und seiner Mutter in ein eigenartiges Licht stellen muss). Erst der späte Evangelist Johannes stellt sozus. die Dinge wieder zurecht und bringt beides zusammen, ohne darin einen Widerspruch sehen zu müssen: Jesus ist für ihn Mensch (er ist ausdrücklich "der Zimmermannssohn" aus Nazareth und nicht der Mariensohn aus Bethlehem!) und er ist, d.h. repräsentiert gleichzeitig das ewige Wort Gottes. Es bedarf für diesen Evangelisten, um Jesus in seiner göttlichen Besonderheit und Einzigartigkeit zu verstehen, weder des Gedankens eines vorgeburtlichen Seins noch des Gedankens einer von dem Üblichen abweichenden Geburt dieses Menschen. Und es ließe sich nun das Augenmerk auch auf das Wort "ist" in dem Satz "Jesus ist Gottes Sohn" einmal lenken. "Ist" ist eben auch als "repräsentiert" zu verstehen: dergleichen wie Sohnschaft Gottes ist für einen Christen nirgends in derselben Höhe, Tiefe und Weite repräsentiert wie eben in diesem Menschen Jesus. Und zu seinem Menschsein gehört dabei immer auch alles: sein Wort, seine Tat, seine Passion oder sein Schicksal und seine Wiederherstellung in das ewige Leben hinein oder den Geist. Alles irgendwie Mythologische oder auch Wunderhafte in einem vordergründigen Sinne bleibt dabei ohne Belang. Gut, Jesus hat offensichtlich auch Wunder- oder Heilkräfte besessen, aber diese sind ausweislich seines Verhaltens für ihn selbst bereits nicht entscheidend (wenn auch nicht vollständig belanglos gewesen). Der vierte Evangelist hat sie denn später auch nicht mehr "Wunder" genannt, sondern "Zeichen": Symbole.

Indessen denken Christen Jesus nicht nur als "Gottes Sohn", sondern sie denken ihn – und am Ende vor allem sogar – als ihren Erretter, Versöhner, Erlöser! Sie denken ihn als den, dem sie etwas verdanken! Dem sie das Entscheidende für ihr eigenes Leben verdanken! Wie aber nun dieses auch wieder? Generell so: Christen finden in der gesamten großen Welt- oder Menschheitsgeschichte diesen einen Anhalts- oder Aufschließungspunkt, in welchem ihnen sowohl das eigentliche, das echte, wahre und ewige Menschsein als auch das ewige Gottesherz aufgeht. Wessen Menschsein sonst würde hinreißender, erhebender, aber auch tragischer sein? Und wo wiederum würde der ewige Gott vernehmlicher, herzbezwingender und unwidersprechlicher sprechen? *"Was für eine Tiefe des Reichtums, der Weisheit und der Erkenntnis Gottes!"*, wie der Apostel Paulus sich ausdrückt. Oder: *"Das Wort wurde Mensch und war unter uns da, und wir sahen seine Herrlichkeit, eine Herrlichkeit als des eingeborenen Sohnes vom Vater, voller Zuwendung und Wahrheit!"*, so der vierte Evangelist. Keine Tiefe, kein Abgrund des Menschseins, welche hier nicht erlösend durchschritten schon wären! Keine Erhabenheit auf der anderen Seite, welche an dieser Erhabenheit nicht ihr Maß auch empfinge!

Aber was heißt nun auch Errettung, Versöhnung, Erlösung – durch diesen? Es geht dem Christen dabei ja nicht (und jedenfalls nicht zuerst) um wirtschaftliche oder soziale oder auch physische Nöte, von welchen er befreit werden möchte, sondern es geht um die "Seele": um den Kern seines Seins – um das, was in ihm alles andere immer erst organisiert! Dass da in oder mit seinem Mittelpunkt etwas nicht stimmt und der Zurechtbringung bedarf, ist die Not! Und in dieser Not kann ihm durch diesen Menschen – durch diesen Gottesmenschen, der ihm Jesus vielleicht zuvor gar nicht war, aber nun ganz gewiss wird – entweder eine Bestätigung werden von etwas, dass er niemals zu glauben oder zu hoffen gewagt hat, nämlich dass ihn der ewige Gott meint; dass er also nicht ein Exemplar einer Gattung Mensch lediglich ist, und vielleicht ist da ein ewiger Gott, aber der hätte eher mit der "Menschheit" oder der Welt etwas im Sinn als gerade mit ihm resp. eben mit menschlichen Seelen! Oder: es widerfährt umgekehrt ihm die Krise, dass ihm angesichts dieses Menschen seine bisherigen oder gewöhnlichen Interessen geradezu als nichtig erscheinen; dass ihm auch und insbesondere seine bisherigen oder gewöhnlichen religiösen Auffassungen als fragwürdig und nichtig oder zumindest als behindernd erscheinen. Und das eine wie das andere wird ihm zum Weg seiner Heilung.

Gewiss müssen derlei Erfahrungen sich nicht unbedingt an einer bereits bestimmteren Vorstellung ausschließlich von Jesus, sie können sich auch auf einem anderem Wege vollziehen (wobei doch gewöhnlich immer irgendwie Menschen im Spiel sind), aber in demselben Maße, indem nun ein Hunger und ein Durst nach der Wahrheit, nämlich nach der ewigen Wahrheit erwacht sind – in demselben Maße, in dem da ein wenn auch nur anfänglich auf diese Weise Zurechtgerückter sich nun umzusehen und nun alle möglichen hervorragenden Gestalten in der Menschheit in das Auge zu fassen beginnt und dann auf diesen einen auch stößt, wird er von ihm nicht wieder loskommen können, sondern in ihm alles Tiefe und Große zusammengefasst finden; wird er zusammenwachsen mit ihm und hineinwachsen in ihn, indem er ihn sich sogar zugleich erst noch bildet; denn ein unmittelbar eindrückliches Bild von ihm hat er ja gar nicht! Aber es geht dann, wie es im 1. Petrusbrief einmal gesagt wird: *"Ihr habt ihn nicht gesehen und habt ihn doch lieb; und nun glaubt ihr an ihn, obwohl ihr ihn nicht seht, und freut euch mit unaussprechlicher und herrlicher Freude, die ihr das Ziel eures Glaubens davonbringt, nämlich die Seligkeit eurer Seele."*

Was denken Christen von Jesus? Dass sie – und nicht nur sie, sondern überhaupt die Menschenwelt – ohne ihn arm wäre – oder auch eben "verloren": wie auf einem Ozean dahintreibend, ohne Halt oder Ziel.

Christen machen dann allerdings auch wieder nicht Jesus zu einem "Nothelfer" oder zu Gott (ihn nämlich an die Stelle setzend von Gott). Nicht zu einem Nothelfer, der da statt für ihre Seele für alle möglichen Wechsel- oder Spezialfälle im menschlichen Dasein zuständig sein könnte – wie sagt es auch Jesus zu einem, der an ihn die Anmutung stellt: Sag meinem Bruder, dass er mit mir das Erbe teile: *"Mensch, wer hat mich zum Richter oder Erbteiler über euch gesetzt? Seht lieber zu und hütet euch vor der Habgier!"* Und nicht zu Gott, dem sie sich vielmehr umfassend verdanken und dem sie allerdings alle mögliche Sorgen nun auch überlassen: physische, wirtschaftliche, soziale. Sondern Jesus ist für sie zum einen und bleibend der, welcher ihnen eine letzte Gewissheit vermittelt, und zum andern und zunehmend der, an dem sie sich mit ihrer eigenen Haltung und Lebensart messen: durch den sie sich mitnehmen und anspornen lassen! Und in beidem bringt er nun auch ihnen die "Sohnschaft": das Bewusstsein, im Verhältnis zum Höchsten nicht lediglich fremd oder geduldet, sondern ein Mitglied in der Familie zu sein (*"So seid ihr nun nicht mehr Gäste und Fremdlinge, sondern Mitbürger der Heiligen und Gottes Hausgenossen",* wie es im Brief an die Epheser lautet), und das Bewusstsein, ja das Wollen, sich diesem Sachverhalt gleichsam demütig-stolz als würdig zu erweisen und sich mit dem Geist des Vaters zunehmend auch selbst zu durchdringen. Und hierin liegt schließlich auch das, was über eine allgemeine "Kindschaft", unter welcher etwas lediglich Statuarisches oder Naturgegebenes aufgefasst werden könnte, hinausgeht. Und auch der Begriff "Tochterschaft" würde im Übrigen das Gemeinte nicht treffen, wenn wir jedenfalls mit diesem Begriff mehr das Seelenvolle wie eben mit dem Begriff der Sohnschaft mehr das Geist-, nämlich sozus. Ideevolle verbinden.

Was Christen von der Kirche denken

Was denken Christen von der Kirche? Was denken sie, was die "Kirche" überhaupt ist? Das Wort "κυριακή" bedeutet: "zu dem Herren gehörig" - und mit diesem "Herren" ist im christlichen Sprachgebrauch nicht Gott gemeint, sondern Christus. "Kirche", das ist die Zahl derjenigen, die zu Christus gehören. "Kirche", wenn die Christen selbst davon sprechen, das ist nicht die religiöse Obrigkeit mit ihren Verlautbarungen, Verordnungen und Empfehlungen; es ist auch nicht ein Verwaltungsapparat oder eine Synode, welche über die Verwendung der Steuern bestimmt; es ist auch nicht der Vorstand samt Pfarrer in einer Gemeinde; es sind nicht die kirchenmusikalischen Gruppen - es sind nicht die Haupt-, Neben- und Ehrenamtlichen in einer Gemeinde, es sind auch nicht die Steuerzahler, und es sind auch nicht alle diese zusammen, sondern wie Luther 1537 in den "Schmalkaldischen Artikeln" gesagt hat: *"Es weiß, Gott Lob, ein Kind von sieben Jahren, was die Kirche sei, nämlich die heiligen Gläubigen und die Schäflein, die ihres Hirten Stimme hören".*

"Kirche", das ist die Summe derer, die deshalb zu Christus gehören, weil sie an ihn glauben. An ihn glauben als an das Wort Gottes, in welchem Wort uns Gott sein und unser Innerstes aufschließt, oder als an den Heiligen Gottes, der uns in Person die Vertretung Gottes bedeutet. *"Wollt ihr auch weggehen",* fragt einmal Jesus seine Jünger. *"Herr, wohin sollen wir gehen",* so antwortet Petrus, *"wir haben geglaubt und erkannt, du bist der Heilige Gottes!"* An wem anders sollten sich die noch je orientieren, welche da glauben und als Glaubende auch erkannt bereits haben? Um an einen Menschen zu glauben, muss man ihn sogar zuvor bereits mögen, und einen Menschen zu mögen, heißt wiederum: von ihm etwas erkannt haben zu müssen bzw. von ihm auch umgekehrt erkannt sich zu wissen. Nicht das Kennen, aber das Erkennen – als ein Wiedererkennen – ist, wenn es um das Heilige geht, ein Geschehen der Liebe.

Was aber ist dann all jenes Andere nun? All jenes ins Auge Fallende? All jenes, das vor allem die Außenstehenden mit dem Wort "Kirche" verbinden? Im guten Falle ist es eine Unterstützung und ein Anreiz, eine Ermunterung, eine Ermahnung zum Glauben. Im schlechten Fall ist es ein Ersatz für den Glauben. Im guten Falle richtet es mich in meinem Innersten auf, stärkt mich und tröstet mich, dass ich da in ein instandgehaltenes Gotteshaus gehen kann, dass dort das Wort Gottes gelesen wird oder gepredigt, dass die Orgel oder der Posaunenchor spielt, dass der Kirchenchor singt, das überhaupt auch andere da sind und ich das Gefühl haben kann: ich bin doch noch nicht ganz allein auf der Welt mit den Überzeugungen meines Herzens. Im schlechten Fall lullt mich das alles nur ein und ich verschaffe mir ein Gefühl: ich gehöre auch mit zu diesem Verein und habe meine Versicherungsbeiträge bezahlt und werde also auf irgendeiner Erinnerungsliste im Himmel noch immer geführt.

An dem äußerlich Sichtbaren lässt sich insofern nicht mit Entschiedenheit davon etwas erkennen, wie es sich mit der Seele oder mit dem Herzen verhält. Und wenn Augustinus einmal im Blick auf einen äußeren Niedergang und eine äußere Spaltung der Kirche zu seiner Zeit (im vierten Jahrhundert) gesagt hat: *"Viele, die drinnen sind, sind draußen, und viele, die draußen sind, sind drinnen"*, so wird dies grundsätzlich wohl auch heute noch gelten.

Entscheidend ist immer der Glaube des Herzens und ob ich es mag oder gern hab, was da von Christus und von dem, was er uns aufschließt, gesagt wird - oder ob mich das langweilt und abstößt und ich eigentlich ganz andere Interessen und Neigungen habe.

Christen denken also von der Kirche zum einen: das ist der Freundeskreis Jesu, das ist die Interessengemeinschaft, in der ich mich wohl fühlen kann, zum andern: ich sollte auch selbst etwas tun, dass ich mich in den äußeren Erscheinungsformen dieser Gemeinschaft wohlfühlen kann und dass sich auch andere darin wohlfühlen können. Die Erscheinungsformen oder Versammlungen müssen auch durch mich etwas Einladendes haben, aber auch etwas Substantielles. Geselligkeit unter irgendeinem Vorwand kann es nicht sein, worum es da geht. Sondern wir kultivieren und feiern die Überzeugungen unseres Glaubens, unsere Religion! Wir kultivieren und feiern die Ehre Gottes und den unendlichen Wert jeder menschlichen Seele - wir kultivieren Gottesfurcht und Mitmenschlichkeit. Wir kultivieren und feiern aber auch eine ganz spezielle Idee, nämlich die von der Freiheit des Geistes in der bewusst ergriffenen Kindschaft gegenüber Gott unserem Vater. Es gibt ja immer auch dieses "Christentum" nur der Gottesfurcht und der Mitmenschlichkeit. Aber was für einen Gott wir dann fürchten und zu was wir unsere Mitmenschen zu erheben versuchen, das bleibt dabei immer noch offen. Wir haben hier noch gar keinen Kompass und

Maßstab, und erst aus der Idee, wer wir vor Gott als Menschen überhaupt sind oder sein sollen, können wir einen solchen gewinnen.
Das also denken Christen von der Kirche: ich gehöre zu Christus, und das braucht einen Ausdruck, eine Form der Gemeinschaft. Und bei beidem will ich dabei sein.

Nach einem verbreiteten Verständnis begründet die Taufe die Zugehörigkeit zu der Kirche. Kirchenrechtlich macht uns in der Tat die Taufe zu Mitgliedern der Kirche. In einem äußern Sinn kann zumindest vom 14. Lebensjahr an niemand ein Kirchenmitglied sein, der nicht getauft ist. Aber wenn es auch im geistlichen Sinne so wäre, dass wir ohne Taufe nicht zu Christus gehören, würde ja auch das Umgekehrte der Fall sein: wir könnten uns aus der Kirche und von Christus nie wieder entfernen; denn getauft bleiben wir immer, dieser Sachverhalt ist nicht wieder rückgängig zu machen.

Ich denke, wir haben es insofern auch anders zu sagen, dass uns nämlich die Taufe symbolisch oder zeichenhaft mit Christus verbindet - und ich sage auch lieber "uns mit Christus verbindet", als dass ich sagte: "zu Mitgliedern der Kirche macht". Der Apostel Paulus schreibt im Brief an die Römer im sechsten Kapitel: *"Wisst ihr nicht, dass alle, die wir in Jesus Christus getauft sind, die sind in seinen Tod getauft? So sind wir ja mit ihm begraben durch die Taufe in den Tod, damit, so wie Christus auferweckt ist von den Toten durch die Herrlichkeit des Vaters, auch wir in einem neuen Leben wandeln sollen. Sind wir aber mit Christus gestorben, so glauben wir, dass wir auch mit ihm leben werden, und wissen, dass Christus, von den Toten erweckt, hinfort nicht stirbt; der Tod kann hinfort über ihn nicht herrschen."*

Die Taufe ist etwas Zeichenhaftes, aber auch das Zeichenhafte ist eine Realität; denn durch das Zeichenhafte verbinde ich mich, gehe ich eine "Verbindlichkeit" ein. Aber auch nicht nur ich, sondern genauso die andere Seite. Und wie ich meine Verbindlichkeit irgendwann einmal wieder vergessen und außer acht lassen kann (aus was für Gründen auch immer), könnte auch die andere Seite ihre Verbindlichkeit wieder vergessen. Aber an dieser Stelle ist nun unsere Gewissheit: Gott vergisst seine Verbindlichkeit nicht. Er steht zu seinem Wort unverbrüchlich, und wir müssen nicht sonstfürwelche Wiedergutmachungen leisten, um dadurch vielleicht einen neuerlichen Bund schließen zu können. Für ihn steht einfach die Sache, selbst wenn sie bei uns hier und da Abbrüche erlitt.

"Mein treuer Gott, auf deiner Seite/ bleibt dieser Bund wohl feste stehn;/ wenn aber ich ihn überschreite,/ so lass mich nicht verloren gehn;/ nimm mich, dein Kind, zu Gnaden an,/ wenn ich hab einen Fall getan." Und Gott nimmt uns als seine Kinder nicht nur "zu Gnaden" an, sondern weil er ein Gott der väterlichen Liebe ist.

Kirche, Zugehörigkeit zu Christus, zu seinem Sterben und Auferstehen, zu seinem Leben, an welchem der Tod keine Macht mehr besitzt – das ist nicht in erster Linie eine Rechtskonstruktion, eine irgendwie notariell beglaubigte Sache, es ist ebenfalls kein Naturereignis, etwas, das geradezu an und durch uns irgendwie abläuft, sondern es ist etwas an und mit unserem Herzen und unserer Seele - es ist eine Sache unseres tiefsten Personseins, unserer Ehre, unsere Würde, unseres Ewigkeitsgewichtes in dieser unserer zeitlichen Existenz.

Dieses Leben muss allerdings auch in die Sichtbarkeit kommen, und gäbe es keine sichtbare Seite der Kirche, so gäbe es auch keine Kultur christlichen Glaubens, und das Christliche selbst hätte aus der Welt zu verschwinden – aber auf das Persönlichsein, -werden und –bleiben im Glauben läuft es immer wieder hinaus.

Was Christen vom heiligen Geist denken

Christen denken vom heiligen Geist nicht unbedingt, dass er eine Person sei. Der Bibel jedenfalls ist diese Vorstellung fremd. Es ist dort vom Geist Gottes oder vom Geist Jesu die Rede, aber nicht von einem Geist, der auch in einer relativen Freiheit, Selbstständigkeit und Selbsthabe Gott oder Jesus gegenüber gedacht werden könnte.

Was ist überhaupt "Geist"? Geist hat offensichtlich mit Denken oder Wollen oder Urteilen zu tun. Wo Geist im Spiel ist, ist Denken, Wollen und Urteilen im Spiel. Wir könnten insofern auch sagen: der heilige Geist, das ist heiliges Denken, Wollen und Urteilen. Oder: es ist Denken, Wollen und Urteilen im Sinne Gottes. Oder auch: es ist Denken, Wollen und Urteilen im Sinne von Jesus.

Sagt aber die Bibel nicht, dass der heilige Geist nicht nur Klarheit sei, sondern auch Macht, Kraft? Sie sagt es! Sie sagt aber auch etwas über das Verhältnis zwischen Klarheit und Kraft, dass nämlich die Klarheit das Ursprünglichere ist gegenüber der Kraft. *"Es soll nicht durch Heer oder Kraft, sondern durch meinen Geist geschehen, spricht der Herr Zebaoth",* so heißt es bereits im Alten Testament. Und im Neuen: *"Ihr werdet die Kraft des heiligen Geistes bekommen und werdet meine Zeugen sein!"* Wie in einer anderen Beziehung immer klargestellt werden muss, dass nicht die Freiheit uns wahr, sondern die Wahrheit uns frei macht und also nicht die Freiheit, sondern die Wahrheit das von uns beständig zu Suchende ist, so haben wir auch in dieser Beziehung nicht die Kraft zu suchen, sondern die Klarheit. Die Klarheit macht uns kräftig, aber die Kraft macht uns nicht klar.

Weshalb wohl auch sonst hat das Beten für Jesus und für die Christen eine solche Bedeutung? Und weshalb ist es nicht ein beschwörendes oder flehendes, sondern ein klärendes Beten - eben nicht ein Beten um Kraft, sondern ein Beten um Klarheit? Aus dem Vaterunser, dem auf Jesus zurückgehenden Grundgebet für die Christen, würde sich nicht eine magische Praxis, wohl aber eine gesamte Theologie des Evangeliums herleiten lassen!

Der heilige Geist ist ein Denken, ein Wollen, ein Urteilen in uns mehr, als dass er eine Vermehrung unserer natürlichen Lebensenergie wäre - und wie sollte er nun eben auch ein personhaftes Gegenüber sein können, wenn durch ihn - in uns - *wir* zu Personen, zu Persönlichkeiten, Charakteren erst werden! Der heilige Geist ist die Gesinnung und Haltung, das Wissen und Gewissen der wahrhaftigen Gottespersonen. So gehört er gleichzeitig Gott *und* den ihm entsprechenden Menschen, aber er ist nicht selbst und für sich eine Gottesperson, wie man es sich seit frühkirchlichen Zeiten vorzustellen und dann etwa auch in der Kunst darzustellen versucht hat.

Der heilige Geist ist der Geist Gottes und der Geist Jesu Christi - und wir wären nicht Christen, wären wir nicht überzeugt, der Geist Gottes und der Geist Christi sind einundderselbe, und insofern – aber auch nur insofern! – sind auch Gott und Christus, der Vater und der Sohn einundderselbe. Das klingt nun zwar immer wie Engstirnigkeit und Beschränktheit; denn sollte nicht der Geist Gottes oder der göttliche Geist *überall* auf der Welt wirksam sein können - und eben auch, *ohne* dass dabei Christus genannt oder vorgestellt werden muss? Aber es schließt sich ja auch beides nicht aus! Wenn ich sage: die Musik Bachs und die Gesetze der Musik sind einunddasselbe, so schließt auch dieses nicht aus, dass etwa auch Mozart und Beethoven oder Brahms oder Sibelius mit ihren Werken den Gesetzen der Musik verbunden gewesen sein können - und trotzdem ließe sich fragen, an welcher Stelle jenes Grundgesetz sozusagen auch *selbst* am deutlichsten in die Erscheinung gelangt ist und ob es an anderen Stellen nicht eher - wiewohl als Grundlage doch wirksam - in der Verborgenheit blieb.

Der Geist Gottes, so könnten wir sagen, tritt für uns in Jesus Christus am reinsten und deutlichsten in der gesamten Geschichte der Menschheit zu Tage - aber er tritt eben auch woanders zu Tage.

Nun sagen wir: der "Geist Gottes", und wir können es eigentlich gar nicht erklären, von welchem Geist wir hier sprechen, wenn wir nicht gesagt haben, von welchem *Gott* wir hier sprechen. Wollen wir aber sagen, von welchem Gott wir hier sprechen, so haben wir wieder von Jesus Christus zu sprechen bzw. davon, wie eben *er* uns Gott offenbart hat, und so dreht sich hier mit Notwendigkeit etwas im Kreise. - Es kann aber auch anders nicht sein; denn in den höchsten Sachverhalten und Dingen kann es niemals *Erklärungen* oder *Begründungen* durch etwas Niederes geben. Das Hohe kann immer nur das Niedere erklären, nicht aber das Niedere das Hohe. Bzw. *wenn* das Niedere das Hohe erklärt, dann immer nur gleichnishaft, behelfsweise und insofern dann auch wieder verstellend.

Der Gott, von dem wir in der Christenheit sprechen und der uns an Jesus Christus aufgegangen ist, der heilige und allmächtige personhaft-überpersonhafte eine und einzige Gott, welcher sich gleichzeitig als unser uns liebender Vater bekennt - *das* ist der Gott, welchen der heilige Geist uns vermittelt. Oder um es umgekehrt zu benennen: Dass wir Gott mit diesen Worten und Sätzen oder in dieser Weise beschreiben, ist bereits der heilige Geist. Ich sage nicht: das *macht* der heilige Geist, sondern er *ist* es.

Gibt es nun aber nicht auch noch einen *anderen* Geist Gottes? Denken wir zum Beispiel an das, was in der Bibel die "Schöpfung" genannt wird! Ist nicht der göttliche Geist allüberall - einfach in allem, was da ist: in der Natur, in der Geschichte, in dem, was irgendwie nur Logik genannt werden kann? Ja und nein! Ja, denn was soll es sonst sein, dass hinter und in der Natur steckt, hinter und in der Geschichte, hinter und in jeder Art Logik, als *Gott*! Aber auch zugleich: Nein! Denn um *was* von Gott geht es hier? Wenn ich mir zuhause ein Brot streiche oder den Rasen mähe oder den Mülleimer leere oder wenn ich mit dem Auto nach Göttingen fahre, wenn ich in der Kirchenverwaltung etwas erledige oder bespreche, dann bin das alles ich, aber ich bin es zugleich und gewöhnlich wieder auch nicht; denn es ist gewöhnlich nicht mein *Herz*, welches das tut! Es bin nicht wirklich oder *eigentlich* ich, es bin nicht ich *selbst* - oder wie wir es jetzt ausdrücken wollen. Es handelt sich großenteils um Dinge, die getan werden *müssen*, für welche man aber sozus. sein Herz gar nicht erst anstrengen muss und bei denen es möglicherweise sogar entwürdigend wäre, sein Herz in sie überhaupt hineinlegen zu *wollen*. Ich bin es insofern tatsächlich, der da all dieses tut, aber ich bin auf der anderen Seite auch nur unvermeidlicherweise *dabei*. Mit dem *Herzen* dabei bin ich aber umgekehrt, wenn ich vielleicht einen Brief (manchmal auch einen amtlichen Brief) schreibe oder auch meine Predigt, wenn ich jemanden zu trösten oder aufzurichten versuche, wenn ich mich über etwas Wichtiges streite, wenn ich mich an der Wahrheit oder an etwas Schönem erfreue.

Und so ist auch Gott einerseits *überall* in der Welt, und wenn wir Gottes Sein in der Welt unbedingt seinen "Geist" nennen wollten, dann wäre eben auch Gottes Geist überall in der Welt, aber auch Gott ist nicht überall mit dem Herzen! Und das, was die Christen von Gottes Geist im Sinne des *heiligen* Geistes denken und sagen, das hat es eben ausschließlich mit Gottes Herzen zu tun, nicht mit Gott überhaupt, allgemein oder wie wir es sagen.

Vor allem die Philosophen des sog. Deutschen Idealismus, insbesondere Schelling und Hegel haben Gottes Geist umfassend darzustellen versucht und den gesamten Kosmos: Natur und Geschichte und Logik gleichsam als Gottes Spiegel begriffen. Später und bis heute sind an diese Stelle die Wissenschaften getreten. Aber wo nun überhaupt ein Herz aller Dinge noch ist, das weiß niemand mehr! Wie es Nietzsche bereits hellsichtig bemerkte: Der erste Mensch, welcher Gott "Geist" genannt hat, hat notwendig auch den Keim für eine ungeheure Auflösung gelegt. Alles muss nun gleich wichtig werden, und alles ist fließend. Alles hat eine Bedeutung, und nichts hat eine Bedeutung. Und an genau diesem Punkt stehen wir heute, was unsere abendländische sog. kulturelle Entwicklung betrifft.

Der heilige Geist erschließt Gottes Herz und nur Gottes Herz! Der heilige Geist hält sich ans Zentrum. Der heilige Geist bringt in Fassung. Der heilige Geist fragt und sagt, was das Wahre ist und das Gute, das Heilige und das Schöne. Der heilige Geist ist nicht in den Abläufen in der Natur, er ist auch nicht in den Abläufen in der Geschichte, und der heilige Geist ist ebenfalls nicht in dem, was hundert und tausend Wissenschaften enzyklopädisch zusammenzutragen vermögen. Sondern der heilige Geist ist die Königskindschaft vor Gott unserem Vater in unserer menschlichen Seele, er ist unser Glauben und Lieben und Hoffen, er ist unser Vergeben und unsere Weltüberwindung. Er ist unser Opfer und unsre Entsagung, wenn wir Gott ehren. Er ist unser Opfer und unsre Entsagung, wenn wir unserem Nächsten zu dienen versuchen.

Christen denken nun aber auch von dem Geist Gottes im eigentlichen oder strengeren Sinn nicht, dass sie ihn auf irgend eine Weise zu benutzen vermögen, sondern dass es immer nur darauf ankommen kann, von ihm ergriffen zu sein. Benutzen können wir als Menschen lediglich diesen allgemeinen Geist Gottes. Wir benutzen dann unsern Verstand. Und das, was die Wissenschaften oder die Forschung ermitteln, das setzen wir dann in das um, was wir als die Technik bezeichnen, d.h. wir bewegen uns nun denkend und handelnd in dieser sozus. herzferneren Sphäre des Lebens. Was ja an sich auch nicht schlimm ist, aber in dem Augenblick schlimm werden muss, wenn es für uns das Eigentliche und Entscheidende wird.

Ergriffen zu sein von dem heiligen Geist Gottes, das bedeutet vor allem - oder allem zuvor - das Wichtige von dem Unwichtigen bereits unterscheiden zu können! Der unter dem heiligen Geist Gottes stehende Mensch kommt von A. nach B. genauso gut wie mit dem Auto oder der Bahn auch mit dem Fahrrad oder zu Fuß. Es ist für ihn im gewöhnlichen Fall nicht wichtig oder entscheidend, ob die Bewältigung dieser Strecke nun etwas bequemer oder auch etwas anstrengender sein wird. Die für ihn vordringliche Frage ist eher: Was will - nein: was soll ich in B. überhaupt? Gibt es da ein Geschäft oder Tun meinerseits, welches mir mein Gott mit Freudigkeit segnet? Oder stehle ich meinem Gott nur die Zeit, weil er nun bei einer Sache dabei sein oder zusehen muss, welche ihm weder ein Herzensanliegen sein kann noch irgendeine Herzensfreude bereitet.

Haben wir als Christen tatsächlich den heiligen Geist oder den eigentlichen – Herzens- - Geist Gottes? Wir werden das unter solchen und ähnlichen Fragen immer äußerst leicht feststellen können! Wie kommen wir aber dazu, uns von dem heiligen Geist ergreifen zu lassen für den Fall, dass wir uns fern von dem Herzen Gottes bewegen? Die Antwort der Bibel ist auch hier ziemlich einfach: dass wir nämlich Gott darum bitten! Und wie es Jesus gesagt hat: Wenn schon wir, die wir doch arg sind, unseren Kindern das Gute und das Nötige geben, wenn sie uns bitten - Gott wird uns erst recht seinen heiligen Geist nicht verweigern, wenn sich unser Herz danach sehnt! Wir müssen nur den Mut haben, diesen Geist auch zu wollen.

Was Christen vom Staat denken

Jede menschliche Gemeinschaft braucht den Staat als eine äußere Ordnung des Lebens – des Lebens nämlich von vielen zur selben Zeit und auf der selben Fläche. Es gibt bessere und schlechtere Staaten - vermutlich sogar ausgesprochen gute und ausgesprochen schlechte, aber selbst die schlechten sind doch niemals ganz schlecht und erfüllen - ob sie es wollen und selbst bemerken oder auch nicht - ihre Aufgabe, die ihnen nach christlicher Überzeugung von Gott selbst gesetzt worden ist: auf Recht und auf Ordnung zu achten.

Christen akzeptierten insofern den Staat, obgleich sie nach der anderen Seite hin wissen, dass der Staat als eine eigene Wesenheit einmal aufhören wird (wie allerdings auch in diesem Sinne die "Kirche") und dass, bestünde eine gesamte Gesellschaft tatsächlich aus Christen, ebenfalls der Staat sich erübrigen müsste. Sehr anschaulich hat seinerzeit Luther die Notwendigkeit des Staates unter denen gegebenen Umständen verdeutlicht: *"Die Welt und die Menschen sind und bleiben Unchristen, ob sie gleich alle getauft sind und Christen heißen. Aber die Christen wohnen (wie man sagt) fern voneinander. Deshalb ists in der Welt nicht möglich, dass ein christliches Regiment allgemein gültig werde für die ganze Welt, ja nicht einmal für ein Land oder für eine große Zahl von Menschen. Denn es gibt immer viel mehr Böse als Fromme. Ein ganzes Land oder die Welt mit dem Evangelium zu regieren sich unterfangen, das ist deshalb ebenso, als wenn ein Hirte in einen Stall Wölfe, Löwen, Parder, Schafe zusammentäte und ein jegliches frei neben dem andern laufen ließe und sagte: da weidet und seit rechtschaffen und friedlich untereinander, der Stall steht offen, Weide habt ihr genug, Hunde und Keulen braucht ihr nicht zu fürchten. Hier würden die Schafe wohl Frieden halten und sich friedlich so weiden und regieren lassen, aber sie würden nicht lange leben, und kein Tier vor dem andern sicher sein. Deshalb muss man diese beiden Regimenter mit Fleiß unterscheiden und beides bestehen lassen. Eins, das fromm macht, das andere, das äußerlich Frieden schafft und bösen Werken wehrt. "*

Es gibt nach Luther ein geistliches und ein weltliches, ein inneres und ein äußeres Regiment Gottes, ein Regiment, welches Herz und Gewissen bestimmt und in Form bringt, und ein solches, welches die Neigungen und Triebe - durch

Locken mit Lohn und durch Androhung von Strafe - im Zaum hält. Auf dem einen Gebiet herrschen Religiosität und Moral, auf dem anderen und im äußersten Falle herrscht Legalität. Oder wenn wir mit J.G. Fichte fünf Stufen im Bewusstsein bzw. fünf Ansichten der Welt zu unterscheiden vermögen: *"Die erste, niedrigste, oberflächlichste und verworrenste Weise, die Welt zu nehmen, ist die, wenn man dasjenige für die Welt und das wirklich Daseiende hält, was in die äußeren Sinne fällt: dies für das Höchste, Wahrhafte und für sich Bestehende." "Die zweite Ansicht ist die, da man die Welt erfasst als ein Gesetz der Ordnung und des gleichen Rechtes in einem Systeme vernünftiger Wesen."* Dies ist die Ansicht also der Legalität. An dritter Stelle aber steht dann die höhere Sittlichkeit - nicht nur Rechtlichkeit also, sondern Moral. An vierter die Religiosität und an fünfter die Wissenschaft - nicht im modernen Sinn, sondern im Sinn des in sich selbst und über die Welt klar Seins des wahrhaftigen und vollendeten Menschen: die *"allseitige und durchgeführte Klarheit"* als *"Bild und Abdruck Gottes"*.

Der Staat, so würden wir nun sagen, hat seine Möglichkeit, Aufgabe und Pflicht allein auf den beiden niederen Stufen oder unter den beiden niederen Ansichten der Welt und des Daseins. Aufsicht über die Wirtschaft, Wissenschaften, Technik und Rechtlichkeit sind seine Domäne. Er kennt sich nicht aus mit Moral, mit Religion, mit Wissenschaft in einem höheren oder tieferen Sinn. Und desto besser sogar scheint er seine Aufgabe erfüllen zu können, je freier er sich von moralischen, religiösen und philosophischen Bestimmtheiten hält.

Aber hier tritt nun zugleich doch die Schwierigkeit auf; denn "den Staat" gibt es immer nur einerseits in seinen Gesetzen oder in seiner Verfassung, andererseits in seinen "Dienern", in seinen "Ministern", in seinen Repräsentanten. Und indem Gesetze (oder Verfassungen) immer eingehalten werden müssen resp. gemacht oder erlassen, tut sich in der Wirklichkeit ein weites Feld der Begünstigungen bzw. Benachteiligungen oder Zurücksetzungen auf. Ein guter Staat wäre an sich nicht ein von weltanschaulich beeinflussten, sondern dem "Handwerk" gerecht werden wollenden Ministern geführter, und wir sprechen hier i.ü. auch gar nicht von der Frage, ob er besser ein z.B. monarchisch oder ein z.B. demokratisch verfasster sein sollte. Ohnehin haben wir als Christen – inzwischen – keinen Staat mehr zu machen, zu verfassen, zu ordnen.

In der Wirklichkeit werden die staatlichen Organe Begünstigungen oder Zurücksetzungen vollziehen, und die Frage wäre nun allenfalls, zu wessen Gunsten solche Begünstigungen bzw. zu wessen Ungunsten solche Zurücksetzungen statthaft sein könnten. Und die Antwort hätte nun natürlich nicht "zu Gunsten der Bürger" zu lauten; denn das wäre in diesem Falle lediglich eine nichtssagende Floskel. Welche Schwerpunktsetzung im Einzelnen käme dem Ganzen, und d.h. letztlich allen zugute? Das wäre die Frage!

Aufgrund was für einer Maßgabe wäre aber wiederum eine solche Frage entscheidbar? Stellen wir uns einmal mögliche konkretere Antworten vor! Eine dieser Antworten wäre: Begünstigung der Industrie oder der Banken! Begünstigung der Wirtschaft im weitesten Sinne! Denn, so die Logik, wenn die Wirtschaft floriert, geht es auch dem Volkskörper gut! Aber zum einen ginge es ja nun diesem Volkskörper allenfalls wirtschaftlich gut (es ist sogar schwer zu ermitteln, ob es ihm überhaupt besser ginge als in einem anderen Falle), zum anderen ist es gewiss, dass der Einzelne zunächst einmal zu Gunsten "der Wirtschaft" wirtschaftlich benachteiligt würde, d.h. in seinen Möglichkeiten und Rechten beschränkt. Und lassen sich dann Wirtschaftsunternehmen noch staatliche Begünstigungen gefallen, um sie im Bereich wieder anderer Staaten nutzbringend zu verwenden, so bricht die Logik vollständig in sich selber zusammen. Eine andere mögliche Antwort wäre: Begünstigung der individuellen Freiheiten und Rechte. Jedem Einzelnen werden weitestgehende Spielräume für seine persönliche Entfaltung gesichert. Aber je größer der Radius meiner persönlichen Entfaltungsmöglichkeit wird, desto kleiner muss der der Entfaltungsmöglichkeiten der anderen werden, und es würde also in diesem Falle doch auch sachhaltig etwas gesagt werden müssen! Begünstigt der Staat die Familie zum Beispiel, so wird er nach der anderen Seite die Alleinstehenden zu benachteiligen haben.

Eine dritte Möglichkeit wäre: Begünstigung einer Religion! Sagen wir zum Beispiel: des Christentums oder des Islam! Seit Konstantin dem Großen im vierten Jahrhundert ist zunehmend im gesamten Abendland das Christentum begünstigt gewesen und ist es z.B. in Deutschland noch heute. Der Staat, der eigentlich von Moral und Religion gar nichts versteht, hatte sich, durch seine Repräsentanten vermittelt, dieser religiösen Weltsicht gefügt und durch diese in seinem Gebiet einerseits eine bestimmte Begrenzung, andererseits einen bestimmten Freiraum erfahren. Und würden wir uns einmal sämtliche oder auch nur die überwiegende Mehrheit der Repräsentanten unseres Staates durch Personen muslimischer Religion ausgetauscht denken, so würden wir natürlicherweise eine bestimmte Bevorzugung muslimischer Gesetzgebung bzw. Rechtsprechung annehmen können. Auch so hätten wir die für das Gemeinwesen erforderte äußere Ordnung - in mancher Hinsicht sogar eine bessere möglicherweise, als es gegenwärtig der Fall ist -, aber das Christentum würde nach aller Vermutung statistisch zurückgedrängt werden. Zumindest werden insofern Christen nicht undankbar sein, wenn ihre staatlichen Minister und Entscheidungsträger ihrerseits dem Christentum wahrhaftig gehören. Sie werden sogar diesen Zustand nach ihren Kräften befördern. Sie können ihn andererseits aber auch nicht einklagen oder von dem verborgenen göttlichen Ratschluss erwarten. Und gewinnen wir einigen nüchternen Abstand, so sagen wir am Ende sogar: Dieser Zustand wird immer die Ausnahme sein, und wie Luther schon sagte: *"Die Welt und die Menschen sind und bleiben Unchristen, ob sie gleich alle getauft sind und Christen heißen."* Das gilt eben auch für die Menschen in einer Regierung.

Eine vierte Möglichkeit wäre: Begünstigung der nationalen Eigenart oder der herkömmlichen Volklichkeit in dem Bereich eines Staates. Gegen die entsprechende Bevorzugung, wenn sie nicht mit der Verunrechtung Andersstämmiger einhergeht (aber die Bandbreite möglicher Gesetzgebung ist hier eher groß als gering) würde an sich nichts gesagt werden können. Sie wäre nicht unvernünftig und widerspräche nicht der Natur - sie stünde aber immerhin in der Gefahr, in einer übersteigerten Weise gehandhabt zu werden, wie wir das Beispiel des Nationalsozialismus besitzen, in welchem allerdings nicht etwa das Volk - denn dieses war zum größten Teil christlich, und es gehörten zu ihm, u.z. wesentlich, z.B. auch Juden! - sondern die Rasse zur alles entscheidenden Maßgabe wurde!

Indessen haben wir hier aber eben als Christen auch gar nicht einen Staat zu entwerfen, sondern lediglich mit aller gebotenen Nüchternheit Sachverhalte ins Auge zu fassen, die von Bedeutung sein können bzw. von Bedeutung auch sind. Zum einen werden wir uns nicht das Ammenmärchen aufbinden lassen, als werde es "weltanschauliche Neutralität" eines wirklichen Staates je geben - es gibt solche Neutralität vielleicht in der Verfassung, aber niemals politisch! Zum anderen werden wir mit diesem Spielraum staatlichen Verhaltens uns gegenüber allemal rechnen, der von der Begünstigung über die relative Gleichgültigkeit bis hin zur Benachteiligung, Ablehnung und Verfolgung zu reichen vermag. Und auch umgekehrt werden wir den Staat, innerhalb von dessen Gesetzen wir jeweils leben, unter Umständen besonders zu schätzen vermögen, ihn relativ gleichgültig nehmen oder ihn nun unsererseits als unseren Feind gar betrachten. Paulus konnte ohne weiteres sagen, Obrigkeit sei von Gott. Jesus forderte zwar dazu auf, dem Kaiser zu geben, was des Kaisers sei, vor allem aber Gott zu bedenken, und während die Apostel für die Obrigkeit zu beten vermochten, ist uns von Jesus ein solches Gebet oder auch nur die Aufforderung, es zu halten, durchaus nicht bekannt. Die Johannesapokalypse aber zuletzt begreift in dem Staat nur noch *"das Tier aus dem Abgrund",* die antichristliche Macht in der Welt und fordert entsprechend nur Ausharren und Treue zum Glauben.

Christen denken vom Staat, dass er Moral und Religion zwar begünstigen (allerdings auch benachteiligen kann), dass er aber die Größe, welche Moral und Religion fördert, keinesfalls ist, sondern dass diese Größe die Kirche sein muss. Und Christen sind auch nicht überrascht, wenn eine staatliche Ordnung zwar auf wirtschaftliche Prosperität und Rechtlichkeit achtet, ansonsten aber ihre Vertreter eher Amoral oder Areligiosität und am Ende auch das Antichristentum fördern.

Was Christen vom Ende der Welt denken

Christen denken ein Ende der Welt! Sie müssen es schon deshalb tun, weil ihnen die Welt nicht lediglich Gottes gute (oder gar: s e h r gute), sondern auch die durch den "Diabolos" "durcheinandergebrachte" Schöpfung ist. Immerhin: dieser Gedanke oder diese Erfahrung fassen lediglich ein Ende des gegenwärtigen Zu-standes der Welt in das Auge, und es wäre insofern auch denkbar, dass statt von einem "Ende" von einer Verwandlung oder von einer V o l l endung der Welt gesprochen sein dürfte, so dass gleichsam Gottes Reich oder (mit der Offenbarung Johannis) das "himmlische Jerusalem" als eines Tages auf die Erde "h e r a b k o m m e n d" vorgestellt werden könnten.

Aber was bezeichnen wir denn auch als "die Welt"? Die Summe all dessen, was unsere Augen zu erblicken vermögen und darüber hinaus noch in unendlichen Fernen vermuten? Unser an die 15 Milliarden Jahre altes Universum? Seine Vergangenheit plus seine Gegenwart plus seine Zukunft? Oder vielleicht doch nur unseren derzeitigen Aufenthalt oder Haupt-Aufenthalt in diesem unserem gegenwärtigen Leben? Denn wir könnten ja immer auch N e b e n-Aufenthalte bemerken, wie unsere Traumwelt zum Beispiel oder die Welt unserer Phantasie, unserer Liebhabereien oder dgl.

Sprechen wir von einem "Ende der Welt", so sprechen wir gewöhnlich von einem Ende der physisch bestehenden Menschheit. Die Zahl der Menschen auf unserem Globus wird sich von derzeit 6 oder 7 Milliarden vielleicht noch auf 10 oder 20 Milliarden erhöhen, aber nach aller Vermutung wird diese Menschheit dann auch durch umso größere Katastrophen – opferintensiv geführte Kriege um Ressourcen vor allem - auch wieder dezimiert werden müssen, und, wer weiß, vielleicht gerät ja auch die Erde einmal ganz aus der Bahn - und noch, b e v o r die Menschheit irgend einen anderen Planeten zu besiedeln vermochte!

Denken über d i e s e Möglichkeit Christen etwas, das statt in ihrer Phantasie in ihrem Glauben begründet sein könnte? Die urchristlichen Schriften kennen hier apokalyptische Bilder und sprechen von kosmischen Katastrophen, von einem Zergehen der Himmel, einem Zerschmelzen der Elemente vor Hitze, *"und die Erde und die Werke, die darauf sind, werden verbrennen"*. Sie legen uns insofern auch nahe, nicht von einer V o l l endung, sondern von B e e n d i g u n g der Welt eher zu sprechen und ihre Ersetzung durch einen neuen und anderen Himmel und eine neue und andere Erde. Aber für wie verbindlich, für wie glaubensverbindlich müssen wir diese Vorstellungen erachten? Andere neutestamentliche Schriften sprechen nämlich von einem "Auffahren" nicht nur Christi, sondern auch der Seinen zum "Himmel", in die dort schon bereiteten "Wohnungen im Hause des Vaters", und unter dieser Vorstellungsart muss natürlich dgl. wie ein "Ende" der Welt oder der Menschheit relativ gleichgültig werden. Die Menschheit ist nun lediglich noch eine Art Reservoir, aus welchem der Vater im Himmel sich seine Kinder erwählt. Sie ist darüber hinaus der Ort einer Erschließung, einer Erziehung, einer Reinigung, einer Reifung - einer "Läuterung": nämlich der Seele. Und sollte es unter diesem Gesichtspunkt ein Ende überhaupt einmal geben? Allenfalls dann hätte dieser Gedanke noch Sinn, wenn die Welt und Menschheit nicht lediglich ein gleichsam natürlicher "Seelen-Pool" wären, sondern es innerhalb der Menschheitsgeschichte einen Gesamtsinn noch gäbe. Aber worin sollte er liegen? Nach der urchristlichen Vorstellung gibt es zwar in der Tat einen solchen Sinn der Geschichte, nämlich darin bestehend, dass das Evangelium noch zu allen Völkern gelangen, der gesamten Menschheit einmal zu Gehör gebracht worden sein soll, und dann wird der Schluss-Strich gezogen – aber dies wäre dann lediglich auch der Sinn einer Frist.

Oder in einer anderen Abwandlung – und wir würden uns hier möglicherweise an das johanneische Bild von Reife und Ernte anschließen können: Es könnte ein Sinn darin bestehen, dass das Evangelium durch einen gesamtmenschlichen oder insbes. auch religiösen oder gar christentumsgeschichtlichen Geschichtsverlauf hindurch und durch ein Anhäufen der Arbeit von Vielen sich selbst immer durchsichtiger wird, um sich schließlich gleichsam vollständig oder allseitig erkannt und begriffen zu sein – und es wäre nun eben auch auf diese Art etwas zu Ende, das Christentum als kulturgeschichtliche Erscheinung könnte nun wieder versinken bzw. es würde nun nur einzelne Seelen hier und da noch berühren. Eine ungeheuer aufwendige Veranstaltung um eines einzigen Sommers, um einer einzigen Blüte willen: Das Evangelium breitet sich aus, kommt zu seiner höchstmöglichen Klarheit und verschwindet auch wieder! Und sein Verschwinden würden wir uns dann gewiss auch nicht apokalyptisch und mit dem Theaterdonner kosmischer Katastrophen synchronisiert vorstellen müssen. Sondern die Dramaturgie wäre eher, dass eines Tages das letzte Kind Gottes erwählt ist (oder, was allerdings dasselbe sein würde: ein letzter mit einem intensiveren Gottesbewusstsein noch lebender Mensch ist), und die übrige Menschheit (die Menschheit der Welt, d.h. die der Welt gehörende, weil sie auch allein in ihrem Bewusstsein besitzende Menschheit) dämmerte nun, mit Karl Rahner gesprochen, auf die Stufe *"findiger Säugetiere"* zurückgefallen, irgend einem Ereignis X nur entgegen - vielleicht noch für Jahrhunderte oder Jahrtausende sich ihres Daseins erfreuend und es sich auf eine Weise angenehm zu machen versuchend, wie wir davon zur Zeit weder Begriff noch auch Anschauung haben. Ja, setzen wir den allerhellsten und -erfreulichsten Fall (der in unserer Perspektive natürlich der dunkelste ist): Die Menschheit hat Gott durch sich selbst zu ersetzen verstanden, und es ist ihr gelungen, die Erde - oder auch einen anderen Planeten - zu einem Ersatzparadies zu gestalten: ohne Schmerzen, ohne Leid, ohne Trauer, aber entsprechend natürlich auch ohne Träume, ohne Sehnsucht, ohne Geist, ohne Gott!

Zumindest würden wir gegenüber den herkömmlichen Apokalypsen eine solche Zukunftsvision auch in Betracht ziehen können, und sie würde sogar noch deutlicher davon sprechen als jene andre, worin eigentlich das Heil oder die "Gerechtigkeit Gottes" besteht. I.ü. wären es nicht allein futurologische, sondern auch und vor allem sogar theologische Gründe, welche uns diese Alternative sogar bevorzugen ließen. Wenn wir nämlich veranschlagen müssen, dass unser Gott ein Erwählender und d.h. nicht im Umkehrschluss schon: auch ein Verdammender, sondern lediglich ein Übergehender ist, dann werden wir auch eher einen Unterschied als einen Gegensatz denken. Nicht: *"Jakob habe ich geliebt, Esau aber habe ich gehasst."* Sondern: *"Jakob habe ich geliebt, und auch Esau habe ich das Dasein gegönnt."* Ein Gott der Liebe, der da ein erwählender Gott ist, kann dennoch und zugleich auch ein großmütig sein! Oder umgekehrt: Gott, der da allgemein großmütig ist, kann zudem auch erwählen.

Oder würden wir Gott etwa eine Pflicht beimessen können, alle erwählen zu müssen? Abgesehen davon, dass dies den Begriff der Erwählung überhaupt außer Kraft setzen würde, würde es auch den Begriff der Liebe (zumindest stillschweigend) durch den des Wohlwollens ersetzen und aus dem Gott, der da ein Vater seiner Kinder sein will, einen landesväterlichen Gott oder einen "Allvater" machen. An die Stelle eines tiefen Herzens würde nun ein weites Herz treten. Und das wäre dann zugleich wieder die Frage an den christlichen Glauben:

bildet er sich einen landesväterlich fürsorglichen Gott oder eine solchen, dem es in seiner Liebe um familiaritas geht: um eine äußerstmögliche Nähe, in welcher gleichwohl noch eine (wenn auch beinahe verschwindende) Verschiedenheit bleibt?

Nach Schätzungen haben auf unserer Erde bisher 146 Milliarden Menschen gelebt. Ist Gott ein in dem tiefen Sinn liebender Vater von 146 Milliarden Menschen gewesen? Hatte und hat er ein solcher zu sein? Würde man ein solches einklagen und ihn darauf festlegen können? Hatten diese 146 Milliarden ein Recht auf Erwählung oder das Recht auf eine gewisse Fürsorge allein? Oder vielleicht auch nicht einmal dieses? Und was ist letztlich auch mit den Tieren? Mit allem, dem wir dergleichen wie eine Seele: Schmerzempfindung und Daseinslust zuschreiben können? Ist allerdings Gott Geist mehr als Seele, dann können wir auch allein auf diesem Gebiet mit ihm rechten, und es fällt aus der Betrachtung alles nicht Geistbestimmte heraus. Und im übrigen: Müssen wir denn alles befristete Dasein unbedingt als ein Negativum bewerten? Gibt es irgendein Wesen, welches in seiner rein kreatürlichen Existenz lediglich gequält oder ungern nur lebte? Und empfindet es nun auch der kreatürliche Mensch als eine Qual oder Belastung: zu sein? Existiert er nicht im Gegenteil gern? Oder um es auch vergleichsweise zu sagen: Gibt es irgendein Recht gegenüber dem Schöpfer - oder nun auch: gegenüber einem allgütigen Vater im Himmel, statt beispielsweise Rock 'n' Roll oder Hip-Hop Choräle und Bachs H-Moll-Messe zu "lieben", davon ergriffen zu sein? Hätte Gottes Liebe geradezu eine Pflicht, 146 Milliarden Menschen von Bach ergriffen werden zu lassen? Es liegt etwas Absurdes in diesem Gedanken. Und so kann es auch keine Pflicht göttlicher Liebe geben, jeden Menschen Freude an Gottes im Geiste oder an Gottes "Herzen" empfinden zu lassen statt - sagen wir einmal: an seinem Leib. Vielleicht dann auch im Blick auf das Lied Spittas, welches eben nicht einen Gegensatz, aber einen Unterschied setzt:

Freuet euch der schönen Erde,
denn sie ist wohl wert der Freud.
O was hat für Herrlichkeiten
unser Gott da ausgestreut.

Und doch ist sie seiner Füße
reich geschmückter Schemel nur,
ist nur eine schön begabte,
wunderreiche Kreatur.

Freuet euch an Mond und Sonne
und den Sternen allzumal,
wie sie wandeln, wie sie leuchten
über unserm Erdental.

Und doch sind sie nur Geschöpfe
von des höchsten Gottes Hand,
hingesät auf seines Thrones
weites, glänzendes Gewand.

Wenn am Schemel seiner Füße
und am Thron schon solcher Schein,
o was muss an seinem Herzen
erst für Glanz und Wonne sein!

Was denken Christen vom Ende der Welt? Sie denken, dass es dergleichen wie ein Ende, nämlich eine Begrenztheit der Gotteswelt oder des Gottesbewusstseins oder Geistlebens innerhalb der Menschenwelt gibt. Im Vergleich dazu muss ihnen aber notwendigerweise die Frage nach einer natürlichen oder geschichtlichen Begrenzt- oder Befristetheit der Menschheit im Ganzen zu etwas relativ Belanglosem werden.

Was Christen vom Jüngsten Gericht denken

Christen denken in der Tat, dass es so etwas wie ein "Jüngstes Gericht" gibt. Und was wäre schließlich auch eine annehmbare Alternative? Dass alles gleichgültig ist? Oder dass am Ende alles und alle versöhnt und erlöst und und zu einunddemselben Stand "wiedereingebracht" worden sind? Aber diese Alternativen ließen sich weder durch das "Werk Christi" (wenn denn in ihm ein Ernst, ein Schicksal und ein Sinn liegen sollen) noch durch die ausdrücklichen biblischen Aufstellungen stützen – auch wenn manche Passage im Neuen Testament scheinbar so ausgemünzt werden könnte, z.B. (2 Kor 5,19): *"Gott versöhnte in Christus die Welt (!) mit ihm selber und rechnete ihnen ihre Sünden nicht zu"*, oder: 1 Tim 2,4: *"Gott will, dass allen (!) Menschen geholfen werde und sie zur Erkenntnis der Wahrheit kommen"*. Sieht man nämlich näher hin, so ist man immer gezwungen zu differenzieren, und die jeweiligen Verfasser halten im Zusammenhang oder an anderen Stellen durchgehend an einem Grund- oder Letztgericht fest. Wie sich denn zumindest innerhalb einer reiferen christlichen Bewusstheit ohnehin nicht die Bibel oder das Neue Testament als "wortinspiriert" auslegen lassen wie der Koran (nach dem Motto: "aber in dem Vers steht doch ...") – und dies hat sowohl für eine liberalistische wie auch für eine fundamentalistische Auffassung zu gelten. Ein kritisch gereiftes oder geläutert christliches Verständnis des Evangeliums kann nicht ein autoritätshöriges, es kann immer nur ein sinnerhellendes sein! So muss sich also zunächst einmal der Grundsatz behaupten: Christen denken, dass es eine "jüngste", eine letzte, eine grundlegende Scheidung oder Entscheidung gibt. Aber: sie denken nicht zwingend, dass dieses "Gericht" im Sinne einer Verhandlung mit Ankläger und Verteidiger, Urteilsspruch und – je nachdem Freisprechung oder Strafzumessung (in der religiösen Sprache: unter Umständen auch "Verdammung") – aufgefasst werden muss.

In der Theologiegeschichte der christlichen Kirche haben in Richtung der sog. "Wiedereinbringung aller" oder der "Allversöhnung" in der Frühzeit beispielsweise Origenes und in neuerer Zeit Karl Barth gedacht, u.z. aufgrund theologischer Erwägungen der Art: "wenn Gott tatsächlich Liebe ist", oder: "wenn tatsächlich in Christus alle versöhnt sind", dann müssen doch auch alle schließlich erlöst irgendwie werden. Und allerdings kommt man auch in der Thematik um eine eigene theologische Gedankenarbeit gar nicht herum. Dennoch bleibt es die Frage, auf welche Logik man sich hier einlassen kann oder muss, und diese Logik wird für einen denkenden Christen weder eine philosophische noch eine rein exegetische sein dürfen, sondern die des Glaubens oder des "Herzens" (im Sinne Pascals). Und die biblischen Autoren können nun einerseits schon deshalb keine Letztautoriät haben, weil ihre Ansichten durchaus voneinander abweichend sind, andererseits wäre es für einen Christen zweifellos problematisch, etwas schlechterdings Anderes als die Bibel denken und verfechten zu wollen.

Blaise Pascal (1623-1662), der den Begriff der *"Logik des Herzens"* geprägt hat, hat zum Thema in seinen "Gedanken" unter anderem das Folgende geäußert: *"zwei Dinge* [sind] *klarzustellen, nämlich, dass Gott sich ... merklich versinnlicht hat, damit die, die ihn wahrhaft suchen, ihn erkennen können, und dass er seine Zeichen trotzdem derart verschleiert hat, dass nur die ihn erkennen können, die ihn von ganzem Herzen suchen". "Klarheit ist genug, um die Auserwählten zu erleuchten, und Dunkelheit genug, um sie zu demütigen. Dunkelheit ist genug, um die Verworfenen zu blenden, und Klarheit ist genug, um sie zu verdammen und unentschuldbar zu machen."* Dies setzt i.w. die katholische Lehre von der Einsichtsfähigkeit und Freiheit des menschlichen Willens voraus, welche sich auch auf Paulus zu berufen vermag: *"Gottes Zorn vom Himmel wird offenbart über alles gottlose Wesen und Ungerechtigkeit der Menschen, die die Wahrheit in Ungerechtigkeit gefangen halten. Denn was man von Gott erkennen kann, ist unter ihnen offenbar; Gott hat es ihnen offenbart."* (Röm 1,18f.) Dazu auch Luther: *"Ich kann nicht denken, wie einem Menschen zu Sinnen sei müsse, der es nicht ernstlich dafür hält, dass ein Gott sei, da er doch täglich die Sonne aufgehen sieht usw. Er muss ja bisweilen denken und ihm einfallen, ob sie ewig gewesen sei, oder er muss die Augen in den Dreck hineinstecken wie die Säue; denn die Kreaturen ansehen und nicht daran denken, ob jemand sei, der sie treibe, regiere und erhalte, das ist unglaublich."* Der Gedanke an Gott ist also nicht eine Sache des Glaubens, sondern der natürlichen Vernunft. Nun sprechen aber Pascal und erst recht Luther (im Anschluss an Paulus) von den Erwählten (diesen Gedanken kennt übrigens der Islam nicht, in welchem alles auf die Entscheidungsfreiheit des Menschen gestellt ist), und Pascal versteht sich nun (im Widerspruch zu seinen anderen Aufstellungen) zu der Behauptung: *"Nichts versteht man von den Werken Gottes, wenn man nicht als Grundsatz annimmt, dass er die einen blind machen und die andern erleuchten wollte."* Auch Luther zitiert öfters das lat. Sprichwort: Quem deus perdere vult, dementat prius. *"Wen Gott verderben will, dem nimmt er zuvor den Verstand."* Ein Gericht nach den Werken oder den Taten oder Verhalten zumindest setzt Einsicht und Zurechnungsfähigkeit – und Zurechnungsfähigkeit wiederum Entscheidungsfreiheit voraus. Paulus: *"Sie wussten, dass ein Gott ist, und haben ihn nicht gepriesen als einen Gott noch ihm gedankt, sondern haben ihre Gedanken dem Nichtigen zugewandt, und ihr unverständiges Herz ist verfinstert ... Darum hat sie auch Gott dahingegeben in ihrer Herzen Gelüste."* (Röm 1,21-24) Das Gericht im Sinne der Strafe ist nach Paulus bereits in dem Närrischgewordensein zu begreifen. Aber in der Tat nach dem Grundsatz: selbst schuld! Und demgegenüber nun der Erwählungsgedanke, nach welchem der Mensch schlechterdings unfrei ist, zu Gott oder nicht zu Gott zu gehören: *"So liegt es nun nicht an jemandes Wollen oder Laufen, sondern an Gottes Erbarmen."* (Röm 9,16) Man muss sagen, dass Paulus dieses Dilemma zwischen Zurechnungsfähigkeit und Erwähltheit nicht aufgelöst hat; er macht sich selber den Einwand: wie kann uns Gott noch beschuldigen, wenn er uns selbst nicht erwählt hat?, und er "entkräftet" diesen Einwand auf hebräische Weise (vgl. den Schluss im Buch Hiob): das verstehen wir eben nicht, aber Gott hat die Macht, und wir dürfen mit ihm nicht zu streiten beginnen (Röm 9,19f.).

Anders bei dem Evangelisten Johannes: Die "aus Gott Geborenen" (das ist bei Johannes der Ausdruck statt "Erwählte") schreiten – jetzt bereits – aus dem Tod in das Leben, indem sie das in ihnen schon immer schlummernde Gotteskindsein durch die Klarheit und Wahrheit in Jesus aufwecken ließen. Die anderen, die nicht "aus Gott geboren" sind, b l e i b e n im Tode, den sie allerdings selbst als das L e b e n erachten (um sich darin ja durchaus auch wohl fühlen zu können, während sie aus einer anderen Perspektive betrachtet, lediglich ein Scheinleben führen). Das Gericht oder die Entscheidung auf Leben und Tod findet also nicht irgendwann oder erst am Ende noch statt, sondern sie ist bereits allenthalben präsent. Jesus wird auch keinesfalls als ein zukünftiger Richter noch kommen – er ist auch nicht einmal jetzt schon der Richter, sondern er bringt lediglich die aus Gott Geborenen zu sich selbst und stachelt allerdings auf diese Weise auch den Gegensatz auf (aber das ist nicht die A b s i c h t, sondern lediglich das U n v e r m e i d l i c h e). *"Gott hat seinen Sohn nicht in die Welt gesandt, dass er die*

Welt richte, sondern dass die Welt durch ihn gerettet werde." (Joh 3,17) Andererseits und präzisierend: *"Wer an ihn glaubt, der wird nicht gerichtet; wer aber nicht glaubt, der ist schon gerichtet."* (3,18) Es kann also auch vorher nicht gemeint sein: dass die *gesamte* Welt durch ihn gerettet werde. Und wenn es bei den Synoptikern heißt: *"Meint ihr, dass ich gekommen bin, Frieden zu bringen auf Erden? Ich sage: Nein, sondern Zwietracht. Denn von nun an werden fünf in einem Hause uneins sein, drei wieder zwei und zwei wider drei"* (Lk 12,51f.), so ist auch hier nicht von der inneren *Absicht* die Rede, sondern von dem äußeren *Effekt*. Wieder Johannes (9,39): *"Ich bin zum Gericht in die Welt gekommen, damit, die da nicht sehen, sehend werden, und die da sehen, blind werden."*

Für Johannes, aber auch für Paulus gibt es keinen jenseitigen Ort einer Qual und womöglich sogar e w i g e n Pein. Dies heißt allerdings insbesondere für Paulus nicht, dass unser Tun und Verhalten an einem letzten Ende außer Betracht bleiben könnte, sondern: *"wir müssen alle offenbar werden vor dem Richterstuhl Christi, auf dass ein jeglicher empfange, wie er gehandelt hat bei Leibesleben, es sei gut oder böse."* (2 Kor 5,10) Dennoch ist hier nicht das in den Blick gefasst, was etwa der Hebräerbrief ausdrückt: *"Es ist dem Menschen [!] gesetzt, einmal zu sterben – danach aber das Gericht."* (Hebr 9,27) Sondern Paulus kennt sozus. diese Art von Gericht lediglich für die Erwählten und also bereits Geretteten (sie werden sich sozus. selbst, und das wird unter Umständen nicht angenehm sein – einmal im Spiegel noch sehen) – wie denn auch auf ihn der spätere F e g e f e u e r - g e d a n k e zurückgeht (bei Paulus eigentlich sogar nur auf die christlichen Lehrer oder Apostel bezogen): *"... so wird eines jeglichen Werk offenbar werden; der Tag wird's klar machen. Denn mit Feuer wird er sich offenbaren; und welcherlei eines jeglichen Werk sei, wird das Feuer bewähren. Wird jemandes Werk bleiben, das er* [auf das Fundament Christus] *gebaut hat, so wird er Lohn empfangen. Wird aber jemandes Werk verbrennen, so wird er Schaden leiden; er selbst aber wird gerettet werden, doch so wie durchs Feuer hindurch."* (1 Kor 3,13-15) Was im Übrigen mit *"denen, die verloren werden"* (1 Kor 1,18; 2 Kor 4,3), jetzt ist oder einst sein wird, interessiert Paulus gar nicht – sie sind eben für ihn nicht dabei.

Sowohl Paulus als auch der vierte Evangelist sind grundsätzlich über die lediglich volkstümlich zu nennende Vorstellung von "Himmel" oder "Hölle" nach dem Tode jedes (!) Menschen hinaus. Diese Vorstellung ist zwar auch im Neuen

Testament aufbewahrt und hat sich dann in der späteren Kirche immer wieder vor die tieferen und dem Evangelium allein sachgemäßen Einsichten geschoben (sie ist bereits in der Frühzeit – und d.h auch: im Kanon – gerade dem ursprünglichen Johannesevangelium im direkten Widerspruch zu seinen sonstigen Aufstellungen wieder übergestülpt worden), eine "christliche" Lehre aber, welche sich sei es auf den Lohn des Paradieses sei es auf die Angst vor der Hölle bezöge und daraus die Impulse für ihre Verkündigung gewönne, wäre lediglich hedonistisch und insofern auch unterchristlich zu nennen und um des Evangeliums willen schlechterdings zu bekämpfen, und einem möglichen Einwand "aber wenn es am Ende dennoch so wäre!" würde der sich selbst verstanden habende Christ mit dem Argument immer begegnen: dann wäre Gott nicht der Gott des Evangeliums Jesu Christi, sondern im wesentlichen etwa der des Islam!

Ist nun aber Gott nicht ungerecht, wenn er die Guten nicht belohnt und die Bösen nicht bestraft? Wenn er also nicht ein Gott des auch eigens noch und sozus. endabrechnend urteilenden Gerichts ist? Gott ist in der Tat nach dem Evangelium ein Gott der Güte, und das "Gericht" verbirgt sich lediglich in der doppelten Gestalt dieser Güte! Und die auch von uns selbst nachzuahmende Gerechtigkeit Gottes – die es keinesfalls unbeachtet lässt, dass es Gute und Böse und Fromme und Unfromme überhaupt gibt! – könnten wir mit dem Evangelium Jesu so formulieren: *"Liebet eure Feinde; segnet, die euch fluchen; tut wohl denen, die euch hassen; bittet für die, die euch beleidigen und verfolgen, damit ihr Kinder seid eures Vaters im Himmel. Denn er lässt seine Sonne aufgehen über die Bösen und über die Guten und lässt regnen über Gerechte und Ungerechte."* (Matth 5,44f.) Gott ist nicht den Guten gut und den Bösen böse, sondern er ist allen gut – aber in seiner Güte gegenüber den Seinen (seinen Kindern, seinen Erwählten) ist das eigentlich Gute die geistliche Erhabenheit, in welche sie von ihm hineingestellt werden, und was das unmittelbare Wohlergehen und Wohlbefinden betrifft, sind sogar die "Weltkinder" gegenüber diesen Gotteskindern in einem scheinbaren Vorteil bzw. es wird ihnen vielleicht sogar dieser gewisse Ausgleich gegönnt, da sie doch das eigentlich und letztlich Entscheidende nicht haben, und die Nagelprobe auf den wirklich christlichen Glauben bzw. für die christliche Seele ist es von daher, ob ihr die ihr zuerkannte Würde oder Berufung des eigentlichen und geistlichen, des in selbstbewusster Gottesfreiheit geführten Lebens die zu ertragenden Unannehmlichkeiten eines

Kreuzesweges in physischer und auch sozialer oder sogar psychischer Hinsicht aufzuwiegen vermag.

Die Spezialfrage im übrigen, wie es sich mit der Gottzugehörigkeit derer verhält, die zum Evangelium kein Verhältnis besitzen, weil sie keine Gelegenheit hatten, es kennenzulernen, beantwortet das Neue Testament zum einen mit dem Hinweis auf die Predigt Christi auch im Reiche der Toten (1 Petr 3,19), zum andern mit dem Hinweis auf die für das Gottesreich genauso wie der Glaube qualifizierende Liebe (Matth 25,31-45). Christen würden von daher am Ende auch sagen: Menschen des Glaubens, der Liebe (und schließlich auch Menschen einer herzlichen Sehnsucht) sind dem (Zurückweisungs-) Gericht Gottes entnommen, Menschen demgegenüber, welche – sagen wir einmal: schlechterdings beziehungslos sind auf das innere göttliche Leben oder die Gaben des Geistes, kommen aber dennoch nicht unter eine ausdrückliche Verdammung und Strafe, sondern haben "lediglich" teil an der zweifellos nicht zu abzustreitenden Güte oder Freude der Schöpfung. Auf diese Weise bleibt ein letzter Unterschied oder eine letzte Entscheidung bestehen, und dennoch ist Gott als gut aufgefasst im Verhältnis zu allen. Oder auch so ausgedrückt: Es wird auf diese Weise eine "Erwählung" oder Bevorzugung gedacht, welche nicht gleichzeitig eine Ungerechtigkeit oder Lieblosigkeit sein muss. Überhaupt aber in Gott jedes vorziehende oder erwählende Tun zu verneinen oder zu einer Lieblosigkeit oder Ungerechtigkeit zu erklären, hieße notwendigerweise, Gott auch eine Rechenschaftspflicht hinsichtlich der Frage aufzuerlegen, weshalb er nicht alle Wesen als Menschen erschuf, bzw. den Satz zu vertreten, es sei ungerecht oder lieblos, Wesen auch als Fische oder als Vögel statt als Menschen zu schaffen.

Wiederum haben Christen unter dem Gedanken, dass nach Mutmaßung und Beobachtung nicht alle dazu berufen oder bestimmt sind, eine Freude und Erfüllung eigens an Gott haben zu sollen, schlechterdings kein Urteil darüber, wer denn nun zu den einen oder zu den andern gehört. Und sie haben ebenfalls kein Urteil darüber, wen im einzelnen Falle die Güte resp. Liebe Gottes von der einen auf die andere Seite geholt hat oder auch holen noch wird.

Was Christen vom ewigen Leben denken

Christen denken vom ewigen Leben zum einen, dass es das eigentliche, zum andern, dass es das unzerstörbare ist. Was umgekehrt notwendigerweise bedeutet, dass das nicht-ewige Leben ein uneigentliches und vorläufiges oder endliches sein muss. Mit dem Wort "eigentlich" ist eher eine Beschaffenheit oder Qualität ausgedrückt, mit dem Wort "ewig" eher eine Quantität oder Dauer. Das eigentliche und ewige Leben ist das volle, das plastische, das farbige Leben. Das uneigentliche und endliche ist das fragmentarische, das zweidimensionale, das schattenhafte. Christen, wenn sie sich selber verstehen, sprechen deshalb auch nicht von einem "Weiter"leben nach dem Tode - und stellen sich dabei vielleicht sogar noch eine irgendwie "dünnere", durchsichtigere, "astrale" Welt vor, sondern das Verhältnis ist für sie geradezu umgekehrt eines wie zwischen Traum- bzw. Schlaf- und Wirklichkeitswelt, und nicht die Traum-, sondern die Realitätswelt entspräche dem eigentlichen und ewigen Leben. Die urchristlichen Metaphern sprechen von "Auferweckung" und "Auferstehung" und setzen die Schlaf- oder Traumwelt, als welche das unmittelbar gegenwärtig-reale Dasein von ihnen aufgefasst wird, sogar als eine Welt des Todes voraus, aus welcher es hindurchzudringen gilt zu dem nun allein so zu nennenden Leben: *"Wache auf, der du schläfst, und stehe auf von den Toten, so wird dich Christus erleuchten!"* (Eph 5,14)

Christen denken insofern aber auch vom ewigen Leben, das es nicht ein erst späterhin Angefügtes sein wird, sondern auch gegenwärtig schon ist (oder um es auch so auszudrücken: ewiges Leben ist – wie und als das Leben Gottes – immer gegenwärtiges Leben, aber es ist dies nicht allein jetzt, sondern es war dieses schon immer und wird es auch in alle Zukunft hin sein). Gegenwärtig allerdings so, dass es immer noch wieder dabei ist, sich zu realisieren (während es künftig einmal schlechterdings realisiert bereits ist). In jenem Wort aus dem Epheserbrief wird das Aufwachen und Aufstehen noch vor die Erleuchtung gestellt: Die Christen sollen nicht zuerst etwas begreifen und werden sich dann auch bewegen, sondern der Weckruf und das Aufstehen sind der notwendige Beginn eines Lebens, welches sich zunehmend erst noch mit Klarheit durchdringt oder erfüllt. Und diesen Weckruf können sie sich nun auch nicht gleichsam selber vermitteln, sondern er muss von außen an sie herangebracht worden sein - durch einen geradezu "Wecker".

Was hat es nun mit der Qualität und der Quantität noch des näheren auf sich? Sehen wir uns zunächst die Quantität an, die wir gewöhnlich die "Ewigkeit" nennen! Ursprünglich ewig ist Gott oder auch das schlechterdings Eine, das "Absolute" - "von Ewigkeit zu Ewigkeit", ohne Anfang und ohne Ende (weil etwas, das keinen Anfang hat, auch kein Ende besitzt bzw. umgekehrt auch). Nun sind wir aber als Menschen offenbar zeitlich, und indem wir mit unserer Geburt oder mit unserem Gezeugtwordensein einen Anfang besitzen, scheinen wir mit unserem Sterben oder Tod auch ein Ende haben zu müssen. Verhält es sich aber so? Oder sollte es zumindest doch die Möglichkeit einer Teilhabe an der Ewigkeit geben? Wie aber wäre dann diese zu denken? Sie würde entweder eine Teilhabe an Gott als dem Absoluten sein müssen oder aber eine Teilhabe an Gott, sofern er eigentlich Gott genannt werden kann, nämlich in Unterschiedenheit von der Welt und in gewisser Weise auch in Unterschiedenheit von sich selbst. Teil aber am Absoluten hat schlechterdings alles, und in diesem Sinne würde alles, was überhaupt ist, schließlich auch "ewig" genannt werden können - da nämlich aus dem Absoluten schlechterdings nichts herausfallen kann. Alles hat seinen Ort, seine Zeit - im Großen und Ganzen! Und auch wenn es seinen Ort, seine Zeit einmal hatte, gehört es immer noch zum Großen und Ganzen. Es war selbst ein Bedingtes, wie es auch seinerseits ein Bedingendes wiederum wurde und es für alle Zeit bleibt. So könnten wir uns auch als Menschen, als lebendige und denkende Seelen oder "Monaden" selber betrachten und würden auf diese Art unser Zuhause in einem Ewigen finden: in einem Ewigen, welches die Vergänglichkeit nicht von sich ausschließt! Menschen, welche auf diese Art denken, finden gewöhnlich ihren Halt in der Natur. Sie sprechen auch gar nicht gern erst von "Gott", sondern sie nehmen in der Natur eher das "Göttliche" wahr - sie nehmen die Natur als das Göttliche wahr und finden sich - mit einer gewissen Wehmut gewöhnlich - in es (oder in sie eben) gefügt: *"Es gibt eine Zeit zum Geborenwerden und eine Zeit auch zum Sterben, eine Zeit für das Pflanzen und eine Zeit für das Abernten der Pflanzen, eine Zeit für den Krieg und eine Zeit für den Frieden, eine Zeit zum Tanzen und eine Zeit zum Klagen, eine Zeit zum Umarmen und eine Zeit, wieder die Umarmung zu lösen!"* (Pred 3,1ff.) Wie aber der auf diese Art wahrgenommene Gott nicht der eigentlich so zu nennende, sondern gleichsam ein Neben-Gott ist (und eben nach dieser Auffassung auch ohnehin nur "Gott" ungern genannt wird), so ist auch die "Ewigkeit", in welcher sich hier alle Wesen bewegen, nicht die Ewigkeit, welche eigentlich so genannt werden könnte, sondern wir würden sie mit einem Ausdruck Jean Pauls eine "Neben-Ewigkeit" nennen (wobei Jean Paul an jene "Ewigkeiten" gedacht hat, nach welchen ich in meinen "Erdenspuren", meinen Kindern oder meinen Werken noch fortleben kann usw.).

Die Ewigkeit des Absoluten ist also die Ewigkeit, welche sich mit der Vergänglichkeit nicht nur abfindet, sondern verträgt. Und der Mensch, welcher sich zu dieser versteht, will es alles gleichsam so, wie es ist, und nicht anders. Als religiös durchreflektierte Haltung finden wir diese Auffassung bei Hegel und Nietzsche (aber vielleicht auch bei Goethe) zum Beispiel. Und auch der alttestamentliche Prediger vertritt sie, nur dass dieser nicht das Göttliche und die Natur gleichgesetzt hat und als seinen Bezugspunkt besitzt, sondern einen jenseitigen Schöpfergott kennt, zu welchem für ihn allerdings keine eigentliche Verbindung hergestellt werden kann.

Christen sprechen von einer Teilhabe an der Ewigkeit Gottes im eigentlichen und strengeren Sinn, und sie sprechen zum Beispiel davon, das ewige Leben "ererben" zu können. Sie sprechen aber auch davon, vor ihrem Eintritt ins Dasein von Gott schon "erwählt" und also als herausgehoben aus aller Natur geliebt worden zu sein bzw. zu werden. Sie begreifen ihre Teilhabe an der Ewigkeit Gottes als ein Gemeintsein durch sein Herz, seine Liebe – im Geiste. Und sofern und solange für sie dieses liebende Gottesherz sein wird, werden auch sie notwendig sein – u.z. als in diesem Herzen beschlossen und ihm nun auch zunehmend entsprechend: bis geradezu dahin, dass sie in dieser Entsprechung Gott zu vertreten verstehen. Diese Ewigkeit, welche eine Haupt- oder Herzens-Ewigkeit ist, ist deshalb auch nicht die Unvergänglichkeit einer Unmittelbarkeit, sondern die Unvergänglichkeit eines bewussten und gewollten Reflexes der Liebe, welche sich deshalb in der Wirklichkeit nun nicht allein als Empfindung, sondern als Tätigkeit auf unendliche Weise verwirklicht. Das ist insofern für Christen das quantitativ ewige Leben, dass sie von der liebenden Gegenwart Gottes getragen die Ehre Gottes und ihre eigene Würde - und beides ist ihnen im Letzten dasselbe - unendlich verwirklichen können.

Und was ist nun qualitativ das eigentliche oder ewige Leben? Es ist das beständig auch diesen Unterschied in der Gottheit und im eigenen Dasein – zumindest mit - setzende Leben: es ist das sich Gottes, des eigentlichen Gottes bewusst gewordene und nun in Arbeit und Kampf stehende Leben, aber zugleich das freie und gelassene auch, weil es durch nichts mehr zerstört werden kann, sondern – wenn auch auf unterschiedlichste Weise – immer es selbst ist. Als das den Gott der Liebe reflektierende oder abbildende Leben ist es aber auch das gewährende und frei- und anheimstellende und zugleich wieder das bilden wollende Leben. Es kennt überhaupt gar kein höheres Wollen als, Gott – und wahrhaftig Gott! – in allem, soweit möglich, abgebildet zu sehen. Dafür verwendet es sich, setzt es sich ein, opfert es sich.

Christen denken vom eigentlichen und ewigen Leben nicht zuerst ein "Danach" sondern sie denken eine besondere Würdigkeit, einen Anspruch. Sie denken aber auch das Ermächtigtsein, diesem Anspruch Genüge zu tun. Sie denken in erster Linie ein anderes, ein tieferes und höheres Leben. Und dieses Leben ist ihnen Identität, Frieden und Freude und Freiheit. Nicht so sehr, weil sie die Erwartung einer Auferstehung nach ihrem irdischen Sterben besitzen, sind sie nun auch hoffende Menschen, sondern weil sie – mit dem von Gottes Liebe aufgerichteten Herzen – generell Hoffnungsmenschen sein können, haben für sie Tod und Sterben ihre Schrecken verloren. Christen denken vom ewigen Leben, dass es als das eigentliche auch das allein "lohnende" ist. Und wenn sie nun das Leben in der Neben-Ewigkeit und mit dem Neben-Gott anderen nicht fortnehmen können und durch das bessre ersetzen, so werden sie selbst doch vor diesen Neben-Ewigkeiten eher nur schaudern. Sie sehen nicht die Menschen der Neben-Ewigkeit gleichsam in der "Verdammung", aber sie wissen: das Bessere ist der Feind selbst des Guten, und da sie das Bessere kennen, können sie das Gute nicht wählen. Und wenn nun auch ihr Sein ein Arbeiten und Kämpfen für das Bessere ist und wenn sie nun auch Gott in einem umfassenden Sinn als den Liebenden kennen, sind auch sie zuletzt oder von Anfang an wieder mit dem Ganzen versöhnt. Denn selbst wo nicht das Bessere ist, ist ihnen eben doch noch immer das Gute.

Christen werden allerdings auch wieder nicht denken oder behaupten, dass alle, die Menschenangesicht tragen, Teilhaber der Haupt-Ewigkeit sind. Sondern lediglich, sofern alle Teilhaber überhaupt einer Ewigkeit sind, sind sie auch Teilhaber bzw. Nutznießer der Großmütigkeit Gottes. Es gibt für die christliche Ansicht keine absolute Verdammung - es gibt lediglich ein relatives Nicht-erwählt-worden-sein. Im Gegenteil: Wer dgl. wie eine endlose Verdammung etwa in eine "Hölle" behauptet, hat das Evangelium noch überhaupt nicht verstanden – er hat Gott und das eigentliche Leben noch überhaupt nicht verstanden, er hat einen anderen Gott, führt ein anderes Leben, und da dieses nun weder ein solches der Haupt- noch der Neben-Ewigkeit sein kann, führt er ein gespenstisches Leben – vermutlich das Unfreudigste, das überhaupt gedacht werden kann! Voller Hochmut auf der einen und voller Unsicherheit auf der anderen Seite! Nicht Fisch und nicht Fleisch! Ein religiöses Leben nicht im Licht, nicht im Dunkel, sondern im Zwielicht! Ein Leben, das vielleicht einen großen Ernst wahren möchte, aber ihn nicht zu wahren vermag! Ein pharisäisches Leben! Christen wahren nicht einen Ernst der Verdammung, sie wahren einen Ernst nur der Liebe.

Nachtrag: Weshalb Christ sein?

Weshalb soll ich überhaupt Christ sein? Muss nicht Gott, müssen nicht die Welt und das Leben größer als das Christentum sein? Ganz ohne Zweifel ist doch das Christentum eine lediglich vorübergehende geschichtliche Erscheinung. Vor zweitausend Jahren gab es dgl. noch nicht - und was sind dann selbst zweitausend Jahre im Vergleich mit zwanzig-, vierzig- oder zweihundert-tausend Jahren Menschheitsgeschichte! Oder auch umgekehrt vorgestellt: Selbst nach seinen eigenen frühen Urkunden wird man das Christentum in der Ewigkeit einmal nicht wiederentdecken – weil dann, wie es im Neuen Testament heißt, Gott *"alles in allem"* sein wird.

Und ohnehin älter als alle Geschichte ist ja doch die Natur - und ist Gott nicht sogar eher in oder hinter der Natur als in oder hinter der Geschichte? Es muss von solchen Überlegungen her geradezu als engstirnig erscheinen, sein Herz ausgerechnet an eine bestimmte, vorübergehende geschichtliche Erscheinung zu hängen - wenn wir jedenfalls davon ausgehen, dass die Christen, die sich doch wohl ernst nehmen wollen, tatsächlich ihr Herz daran hängen.

In der Tat, der Geist ist auf eine bestimmte Weise immer kleiner als die Natur. Im übrigen: hier das Christentum, dort das Judentum, der Islam, der Hinduismus, der Buddhismus vielleicht - auch gegeneinander gehalten scheint sich alles zu relativieren und die eine Religion die andere immer klein machen zu müssen, während die Natur überall groß zu sein scheint. Und vor allem ist sie nicht vom Menschen ausgedacht oder zurechtgemacht worden.

Was könnte also überzeugender sein, als allen Religionen den Abschied zu geben und sich endlich auch selbst als nicht mehr denn einen Teil der Natur zu begreifen! Alles Eingeschränkte oder Provinzielle fiele dann ab, und unser Atem würde der des Universums selber sein können! Immerhin: eine Religion ist vielleicht diesem Unendlichkeitseinklang doch nahe: die ursprünglich buddhistische nämlich - und auch der ursprüngliche Taoismus bzw. die chinesische Lao-Tse-Religion. Beides Religionen, die im eigentlichen Sinne schon Religionen gar nicht mehr sind, sondern deren Gehalt darin besteht, das urtümlich große Daseins-gesetz zu begreifen, nach welchem *"alles, was entsteht, auch wert ist, dass es zugrunde geht"*. Dies zu begreifen und dann in unendlicher Gelassenheit sein Leben zu führen - oder je nachdem: auch führen zu lassen. Sich daran zu erfreuen, dass man lebt und nicht nicht ist; aber auch zu erfassen, dass es sich irgendwann wieder anders verhalten wird und man dann auf die Seite des Verwesten und Gewesenen tritt – darin besteht hier gleichsam die Frömmigkeit. Und würden alle Menschen sich in dieser Art halten und auf diese Art denken, so wäre die Menschheit wie eine Vegetation auf der Erde: Keine Pflanze würde die andere fressen, es würden sich lediglich hier solche und dort solche verbreiten, und irgendwie würde alles schon die Natur regulieren. An dgl. wie Lebensstandard oder technischen Fortschritt wäre allerdings nun ebenfalls niemand mehr interessiert, sondern man führte ein naturnahes und einfaches Leben. Vor allem bräuchte man sich auch nicht wegen seines verschiedenen Denkens zu beargwöhnen oder gar zu bekämpfen.

Wir wissen, dass die Welt nicht so ist - aber dieser Sachverhalt beweist andererseits noch nichts für oder gegen die Wahrheit. Der Punkt, an welchem jedoch alle Probleme zurückkehren müssen, ist, dass, welche Betrachtung der Welt wir auch wählen, es unsere menschliche Betrachtung sein muss! Die Natur selbst hat keine Betrachtung - wir aber müssen betrachten, und damit stellen sich all diese Sichtweisen ein, welche sich allenfalls durch Erfahrung, durch Vergleich, durch Auseinandersetzung und Krieg, und d.h. auch: durch Geschichte hindurch einmal vereinigen könnten - aber auch allein so vereinigen könnten, dass das eine im andern sich aufhebt und also auch dann noch das eine gesiegt hätte, während das andre verlor. Die Welt ist nicht, was sie ist, sondern sie ist das, als was und wie wir Menschen sie sehen!

Dieser Sach- und Tatverhalt kann aber nun nicht mehr Natur genannt werden, sondern wir sind jetzt auf dem Gebiete des Geistes. Und wenn wir selbst als denkende Menschen – als "Gestalten", als "Wesen" – vor der Natur immer noch etwas Verschwindendes sind: gegenüber dem Geist muss doch auch die Natur wieder etwas lediglich Beschränktes nun werden:

„Im Raum, dem gewaltigen, wiegt sich
unsere Erde wie ein Blättchen im Meer,
und ich bin ein Staubkorn, das schimmert,
weiß Gott, wo dies Licht stammt her? -

Und doch ist das All mit den Sternen,
sich wiegend im Äther fürbass,
im Meer meiner Gedanken ein Kräuseln
nur winzig, und gekräuselt von was? -"

(Jens Peter Jacobsen)

Es steckt in der Natur ein Geheimnis, welches sie selbst gar nicht kennt. Und indem wir dieses Geheimnisses ansichtig werden - und wir Menschen sind die einzigen, die seiner ansichtig werden können - sind wir bei dem Thema "Geist" oder "Gott". Und nun eröffnet sich notwendigerweise ein ganz anderes Feld. Nun sind wir geradezu gezwungen, alles noch einmal neu zu begreifen. Aber wir geraten hier nun nicht allein von einem Staunen ins andre, sondern wir müssen auch wählen oder Entscheidungen treffen. Die Wahrheit in diesem Bereich liegt nicht von selber am Tage - sie muss gefunden, erarbeitet, verinnerlicht werden - und genau dies ist der eigentliche Prozess der Geschichte. Eben der Menschheitsgeschichte, welche quantitativ im Verhältnis zur Natur geradezu bedeutungslos ist, welche aber qualitativ wiederum das Kernstück und dass Entscheidende ist.

Nehmen wir einmal an: unser Universum besteht seit 15 Milliarden Jahren, sich dabei i.ü. ausdehnend mit der Geschwindigkeit des Lichts (also mit ungefähr 300.000 km in der Sekunde), und die Geschichte der Menschheit im engeren Sinne - obwohl wir mit dieser Zahl schon die Frühgeschichte mit dazu nehmen (aber es lässt sich so besser rechnen) besteht seit 5000 Jahren, dann wäre die Menschheitsgeschichte quantitativ und auf die Zeit bezogen ein drei Millionstel der Natur; der Anteil der Erde, auf den Raum des Universums bezogen, würde sogar noch viel verschwindender sein.

Aber so, wie das Universum in Zeit und Raum auseinander fliegt (nicht -flog, sondern -fliegt), bezeichnen unsere Erde und unsere Menschheitsgeschichte die Zeit und den Ort einer nicht weniger ungeheuren Konzentration oder Zusammenziehung. Sie sind die Zeit und der Ort nämlich von Gottes sich selber Begreifen außerhalb seiner! Und nun kann uns vor Staunen wohl der Unterkiefer herunterfallen angesichts dessen, was sich in der Natur und im Universum begibt. Es kann uns aber auch ein solches Staunen befallen angesichts dessen, was sich mit dem Geist und innerhalb seines Prozesses in der Menschheit begibt.

Vermutlich staunen wir immer erst einmal vor der Natur: vor dem Meer, vor den Bergen, vor der Milchstraße und dem „Schwert des Orion“ oder dem Andromeda-Nebel, aber auch vor dem Saatkorn, den Bienen, dem Ameisenstaat, dem Wal oder dem Kraken. Das ist alles derart unmittelbar und erhaben, dass es uns zum Erstaunen geradezu zwingt – obgleich wir es ja lange schon fertig gebracht haben, auch darüber nicht mehr zu staunen.

Das andere Staunen: vor dem Ich, vor dem Geist, vor der Seele, vor dem Vermögen zu denken, vor der Logik des Geistes, aber auch vor dem Herzen - vor seiner Erhabenheit wie vor seiner Abgründigkeit, vor seinem Vermögen, zu hassen und zu verachten, aber auch, sich zu opfern, zu lieben - dieses andere Staunen muss noch unendlich seltener sein, und zwar, weil wir uns als Menschen zu nah sind. Wir müssten, um in es zu gelangen, ein ganz besonderes Verhältnis zu uns selber gewinnen – und das eben ist schwer.

Aber das Seltene wird auch in diesem Falle wieder das Kostbare sein. Und es wird – über das Zugefallene oder Geschenkte hinaus - noch zusätzlich das Kostbare sein, wenn es sich nicht gleichsam von selber gemacht hat, sondern es zu seinem Zustandekommen der Anstrengung, der Arbeit, der Auseinandersetzung, des Kampfes bedurfte. Die Welt des Geistes - und die der Religion gehört wiederum in den Kernbereich dieser Welt - ist eine Welt der ganz besonderen Anstrengung und Auseinandersetzung, in welcher die höchsten Kräfte der Seele und des Herzens angespannt werden müssen und auch die höchsten Opfer gebracht.

Religiöse also - und eben nicht nur Natur-, sondern Geistesreligiöse sollen wir sein, weil auf diesem Gebiete das Allerkostbarste liegt. Aber natürlich - wir können auch immer das Kostbarste verschmähen! Wir können auch immer zufrieden sein mit dem Talmi, mit dem Ersatz, mit der Alternative!

Bleibt noch die Frage, weshalb wir nun ausgerechnet Christen sein sollen. Wir sollten auf diese Frage nicht die Antwort geben, wie man sie üblicherweise erwartet: dass nämlich im Christentum Gottes Selbstoffenbarung sich finde. Wir denken dies zwar, aber nicht, wie man es gewöhnlich versteht, als habe Gott sozus. "von oben herab" etwas eröffnet, sein Gesetz, seinen Willen oder dgl. (dasselbe würden ja - und mit formal gleichem Recht - auch die Juden und die Muslime behaupten), sondern so, dass die Art dieser Offenbarung als einzige unserem menschlichen Herzen gemäß ist. Gott ist nämlich im Islam durch ein

Buch gegenwärtig wie im Judentum durch ein Gesetz. Im Buddhismus oder bei Lao Tse gibt es ihn gar nicht. Aber was Jesus betrifft, so ist Gottes Gegenwart die im Herzen bzw. die in einem lebendigen *Menschen*. Als *Mensch* repräsentiert Jesus Gott, nicht als Buch und nicht als Gesetz! Seiner *Person* ging etwas auf, mit seinem *Personsein* repräsentierte er es, und seine gesamte Person gab er auch für es hin – nicht als gehorsamer Diener, sondern *frei*, *wagend*, *gewiss* und bis zum Opfer des Lebens.

Bereits aus diesem formalen Grund könnte und sollte einer ein Christ sein: weil das Christentum eine und sogar *die* Herzensreligion ist - nicht zufällig, sondern nach dem Begriff (denn natürlich gibt es Herzensmenschen auch in den anderen Religionen, aber dann nicht *wegen*, sondern *trotz* ihrer Religion). Es *darf* einer ein Christ sein, wenn er ein *Herzensmensch* ist - aber im nächsten Augenblick und wenn er sich Klarheit über sich selber verschafft hat, dann *muss* er es auch.

Printed by Books on Demand GmbH, Norderstedt / Germany